国立大学法人
会計実務入門

増田 正志 著

税務経理協会

は　じ　め　に

　国立大学法人は先行した独立行政法人に2年遅れて、平成16年度に法人化されました。それから6年間の第1期中期目標期間が経過し、第2期の半ばに差し掛かっています。法人化に合わせて適用される会計基準は、独立行政法人会計基準をほぼ準用して用意され、細部の会計処理と考え方を示す実務指針（Q&A）は法人化直前に急ピッチで作成されました。法人化後の会計システムの構築までの時間的な余裕のない中でこの実務指針は見切り発車した感がありました。そのため、その後に数度の改訂が行われています。

　本書は、平成14年度から法人化への準備段階で従事した法人化支援業務と、16年度以降に担当した会計監査業務の経験を基にして、国立大学法人の実務者の方を対象にした入門書として執筆いたしました。また、その後に法人化が進んだ公立大学法人にも同様の会計基準が適用されていますので、そこに従事されている実務者の方にも、有用な解説になるように努めました。

　適用されている会計基準は企業会計に準じるものと当初に定められましたが、主に公的資金を財源として運営されるために、公会計の考え方も色濃く反映され、極めて難解な会計基準となりました。法人化に向けて多くの大学職員が日商簿記検定を受講していましたが、実際の国立大学法人の実務とはやや対象を異にしていたため、当惑した場面があったかと思います。特に固定資産に係る会計処理では企業会計と大きく異なる解釈が求められ、表示においても企業会計では求めら

れていない「国立大学法人等業務実施コスト計算書」を作成することになります。ただ難しい業務はごく一部で、多くの日常業務はさほど難解ではありませんし、日々の会計伝票の起票は借方・貸方の複式簿記によって処理されるため、決して簿記研修は無駄ではないと考えています。そして、これから財務会計部署に配属される職員の方にとっても複式簿記は必須な知識であることには変わりありません。

この本では敢えて「『国立大学法人会計基準』及び『国立大学法人会計基準注解』」と「『国立大学法人会計基準』及び『国立大学法人会計基準注解』に関する実務指針」は相当のボリュームになるため収容していません。文部科学省のホームページから出力して、座右に用意され、必要に応じて参照されることをお勧めします。

国立大学法人と公立大学法人の事務を担当される方にとって、本書が会計実務に対する理解のお役に立てれば望外の幸せです。

平成26年3月

増田　正志

目次 Contents

第1章　国立大学法人会計の意義

1-1　国立大学法人の成立 ……………………………………… 2
1-2　国立大学法人会計の特色 ………………………………… 8
1-3　財務諸表の内容 …………………………………………… 11
1-4　決算の進め方 ……………………………………………… 15
1-5　各大学の取組み …………………………………………… 20
1-補節　経理・財務の日常業務 ……………………………… 24

第2章　国立大学法人会計基準のさわり

2-1　国立大学法人会計基準の構成 …………………………… 32
2-2　一般基準 …………………………………………………… 36
2-3　複式簿記 …………………………………………………… 41

第3章　認識及び測定

3-1　取得原価主義と資産の評価 ……………………………… 52
3-2　外貨建取引の会計処理 …………………………………… 58
3-3　引当金の計上方法 ………………………………………… 61

- 3-4 資産除去債務に係る会計処理……………………………………… 69
- 3-5 費用配分の法則……………………………………………………… 73
- 3-6 発生主義の原則……………………………………………………… 75

第4章 国立大学法人等固有の会計処理

- 4-1 なぜ固有の会計処理が求められるのか………………………… 78
- 4-2 運営費交付金等の会計処理……………………………………… 80
- 4-3 施設費の会計処理………………………………………………… 85
- 4-4 補助金等の会計処理……………………………………………… 87
- 4-5 寄附金の会計処理………………………………………………… 89
- 4-6 特定の償却資産の減価に係る会計処理………………………… 92
- 4-7 その他固有の会計処理…………………………………………… 95

第5章 貸借対照表

- 5-1 貸借対照表の表示………………………………………………… 102
- 5-2 主な資産科目……………………………………………………… 105
- 5-3 主な負債科目……………………………………………………… 110
- 5-4 純資産……………………………………………………………… 113

第6章 損益計算書

- 6-1 損益計算書の表示………………………………………………… 118
- 6-2 主な費用科目……………………………………………………… 122
- 6-3 主な収益科目……………………………………………………… 126

第7章 キャッシュ・フロー計算書

- 7-1 キャッシュ・フロー計算書の作成目的………………………… 130

7-2　キャッシュ・フロー計算書の表示区分……………………… 133

第8章　利益の処分又は損失の処理に関する書類

　　8-1　利益の処分又は損失の処理に関する書類の作成目的……… 142
　　8-2　利益の処分又は損失の処理に関する書類の表示区分……… 144
　　8-3　経営努力認定について………………………………………… 147

第9章　国立大学法人等業務実施コスト計算書

　　9-1　国立大学法人等業務実施コスト計算書の意義……………… 150
　　9-2　国立大学法人等業務実施コスト計算書の表示内容………… 153
　　9-3　国立大学法人等業務実施コスト計算書の表示区分………… 155
　　9-4　国立大学法人等業務実施コスト計算書の注記……………… 162

第10章　附属明細書及び注記

　　10-1　附属明細書の意義…………………………………………… 164
　　10-2　附属明細書の表示…………………………………………… 165
　　10-3　セグメント情報について…………………………………… 167
　　10-4　注記の意義…………………………………………………… 171
　　10-5　重要な会計方針について…………………………………… 172
　　10-6　その他の注記について……………………………………… 176

第11章　連結財務諸表

　　11-1　連結財務諸表の意義………………………………………… 182
　　11-2　連結財務諸表の作成基準…………………………………… 188
　　11-3　関連公益法人等について…………………………………… 195
　　11-4　附属明細書、セグメント情報と注記……………………… 198

第12章　固定資産の減損処理

- 12-1　減損の目的と意義 …………………………………… 206
- 12-2　減損処理の対象資産 ………………………………… 208
- 12-3　減損処理の手順 ……………………………………… 210
- 12-4　減損の兆候について ………………………………… 211
- 12-5　減損の認識 …………………………………………… 215
- 12-6　減損額の測定 ………………………………………… 217
- 12-7　減損額の会計処理と注記 …………………………… 220

第13章　附属病院の会計

- 13-1　附属病院の重要性 …………………………………… 226
- 13-2　附属病院の収益計上と債権管理 …………………… 230
- 13-3　診療経費と人件費 …………………………………… 235
- 13-4　附属病院の管理会計 ………………………………… 239

第1章
国立大学法人会計の意義

　なんとも硬いタイトルで書き出しましたが、国立大学法人の会計基準は、国立大学の法人化の2年前の平成14年に先行した独立行政法人の会計基準をそのまま準用しました。大学という特殊性を反映して一部を手直ししましたが、スタート当時から難解と言われてきています。

　まずは、この会計基準の特色をその生成過程から概観することにします。

1-1 国立大学法人の成立

1．国立大学の法人化

　平成16年4月に全国の国立大学が一斉に法人化されましたが、そこに至る過程では多くの論議がありました。国立大学協会でも喧々諤々の議論が闘わされましたが、結果として法人化にゴーサインを出しました。

　国立大学の法人化に当たり、国立大学及び大学共同利用機関を法人化する場合の制度の具体的な内容について調査検討を行うことを目的に発足したのが「国立大学等の独立行政法人化に関する調査検討会議」であり、その最終報告として平成14年3月26日に公表されたのが『新しい「国立大学法人」像について』です。

　この本の初めとして、会計制度の変革が何を意図して行われたのか、この報告に従って考えてみます。

　まず前提として以下の基本的な考え方が述べられています。

Ⅰ　基本的な考え方
　1．検討の前提（国立大学の法人化を検討する場合に、まず前提とされるべき基本的な考え方の整理）

　　前提1：「大学改革の推進」
　「……単に法人格を付与するとか、既存の法人制度の枠組みを単純に当てはめるといった消極的な発想ではなく、予算、組織、人事など様々な面で規制が大幅に緩和され、大学の裁量が拡大す

> るといった法人化のメリットを大学改革のために最大限に活用するという積極的な発想……」
> 「……第三者評価に基づく重点投資のシステムの導入など、適切な競争原理の導入や効率的運営……」
> 　前提２：「国立大学の使命」
> 「……納税者たる国民や社会の意見が大学の運営に適切に反映されること、大学運営の実態や教育研究の実績に関する透明性の確保と社会への積極的な情報提供がなされること、さらに、これらを基礎に大学の在り方が適切に検証されること……」
> 　前提３：「自主性・自律性」
> 「……大学としての円滑な運営に障害となるような日常的な規制はできるだけ緩和し、運営面での各大学の裁量を拡大することが必要……」

とされ、これに基づいて具体的な検討の視点として

> ２．検討の視点（法人化を契機に、国立大学がどう変わるのか、どのような大学を目指すのかという基本的な視点の整理）
> 　視点１：個性豊かな大学づくりと国際競争力ある教育研究の展開
> 　視点２：国民や社会への説明責任の重視と競争原理の導入
> 　視点３：経営責任の明確化による機動的・戦略的な大学運営の実現

そして、これらを実現するための施策として導入されるべき仕組みとしては目標・評価制度の導入があり、以下のように記載されていま

す。

> Ⅳ　目標・評価
> 　1．検討の視点（法人化を契機に、目標・評価の仕組みの導入を通じて国立大学がどう変わるのか、どのような大学になるのかという視点の整理）
> 　　視点1：明確な理念・目標の設定による各大学の個性の伸張
> 　　視点2：第三者評価による教育研究の質の向上と競争的環境の醸成
> 　　視点3：目標、評価結果等の情報公開による説明責任の確保

以上のように、国立大学の法人化に関していくつかのキーワードが認められます。**第三者評価・説明責任・競争原理**などですが、昨今報道されている政府の方針の「国際競争力のある教育研究」も掲げられています。そして今後の新たな財務会計制度についても、同様にこれらの目的を実現できるものでなければなりません。

> Ⅴ　財務会計制度
> 　1．検討の視点（法人化を契機に、財務会計の在り方を通じて国立大学がどう変わるのか、どのような大学になるのかという視点の整理）
> 　　視点1：教育研究等の第三者評価の結果等に基づく資源配分
> 　　視点2：各大学独自の方針・工夫が活かせる財務システムの弾力化
> 　　視点3：財務面における説明責任の遂行と社会的信頼性の確保

そして具体的な制度設計として

> 2．制度設計の方針
> 　(7)　会計基準等
> 　独立行政法人全般へ適用する会計基準については、既に「独立行政法人会計基準」が策定されているが、これを参考としつつ、大学の特性を踏まえた会計基準を検討する。

との報告となっています。先に触れましたように、先行した「独立行政法人会計基準」を叩き台にして、教育・研究・診療を行う国立大学の特殊性を考慮して「国立大学法人会計基準」が策定されました。

結論として、新たな会計制度で重視されるのは「第三者評価を可能にすること」、「情報提供を有効に行えること」であるといえます。

そこで、「独立行政法人会計基準」と「国立大学法人会計基準」との相違については後に譲り、次章においては、従来の国立学校会計制度と今後用いられるべき国立大学法人会計基準制度の比較を通じ、どのような手法を通じ、第三者評価・説明責任の履行を可能にしているのか、考慮してみます。

2. 国立大学法人会計基準の生成

「国立大学法人会計基準」は「独立行政法人会計基準」を参考として策定されたことは先に述べたとおりです。最初出てきた基準の草案は、独立行政法人を国立大学法人と書き換えたものが提案され、各条項の見直しと微調整を重ねました。独立行政法人にあって国立大学法人にないもの、その反対に独立行政法人にはなくて国立大学法人にあるもの、その検討結果によって基準の各条項に加筆を繰り返しました。

会計基準の構成は一般の企業を対象にしている「企業会計原則」を前提にしていますが、その内容はかなり詳細に亘っています。そして基準の個々の条項に対する解釈指針を、Q&A方式で示した「実務指針」として公表しています。これも相当のボリュームになっています。ご存知のように平成16年4月1日に法人化されましたので、この実務指針の作成は時間的に相当にタイトな中で作業が進められ、時間切れで公表した感がありました。その結果毎年のように詳細が欠落していた箇所の補完と実務に合わせるための修正が加えられ、改訂版の指針が作成・公表されています。

3. 国立大学法人会計基準の概要

新たな国立大学法人では、企業会計の手法に準じた会計基準によって会計処理を行うとされています。従来の官庁会計と企業会計とを次節で一表にして比較してみましょう。

従来の官庁会計制度においては、財務資源のフローを発生収支で把握することによって一会計期間の財政収支が予算に適合した健全な財政であったか否かを確認することが主たる目的でした。

しかし、この従来の官庁会計方式では単式簿記、現金主義（発生収

支の概念は存在したが）によっていることに起因し、現金以外の残高についての情報、及びどのような要因で収支が発生したのかという情報が得がたいものでした。

　一方国立大学法人では、第三者評価を可能にするために、効率的な運営を実施しているのかという運営状況についての情報を提供する必要があります。また、説明責任を果たすためには、貴重な税金を財源とした出資財産の状況を説明しなければなりませんし、国から交付される運営費交付金や学生から徴収する授業料等についてもその使用状況に関する情報開示が必要となります。

1-2 国立大学法人会計の特色

　平成16年4月1日に発足した国立大学法人には、国の会計法に代えて新たに作成された国立大学法人会計基準が適用されることになりました。主な相違点を下の表で見てみましょう。

	従来の会計 （官庁会計制度）	新会計 （国立大学法人会計制度）	企業会計
主目的	予算とその執行状況の開示	財政状態・運営状況の開示（別途で予算の執行状況の報告も必要）	財政状態・経営成績の開示
記帳方式	単式簿記	複式簿記	複式簿記
認識基準	現金主義	発生主義	発生主義
測定基準	原価主義	原価主義	原価主義
会計年度	単年度主義	中期目標期間を前提とした年度決算	継続企業を前提とした期間損益計算
決算書類	歳入決算書 歳出決算書　等	貸借対照表 損益計算書 キャッシュ・フロー計算書 利益の処分又は損失の処理に関する書類 国立大学法人等業務実施コスト計算書 附属明細書	貸借対照表 損益計算書 株主資本等変動計算書 キャッシュ・フロー計算書 附属明細表

　国立大学法人に企業会計に準拠した会計基準を適用するとしていますので、企業会計と多くの類似点があります。会計担当者にとって従来の手続・考え方を変えなければならないのは、歳入と歳出という別

個の取引として捉えてきた単式簿記から、原因と結果の組み合わせで取引を記録する複式簿記への変更、現金の入出金によって取引を認識する現金主義から債権・債務の発生によって取引を認識する発生主義への変更でしょう。

　法人化後に作成する決算書類は表記のように、貸借対照表、損益計算書、キャッシュ・フロー計算書、利益の処分又は損失の処理に関する書類、国立大学法人等業務実施コスト計算書及び附属明細書の5種類ですが、法人化後にも従来の収支計算に基づく予算執行状況の説明資料の作成を求められました。そのため会計事務担当者には二重の負荷がかかりました。

　また、国立大学法人の会計基準は企業会計に準拠することになっていますが、一般企業の事業展開とは異なり、年度予算の単年度主義が色濃く残っています。後述の運営費交付金等の収益化に見られるように、支出予算の執行額が交付金等を下回りますと、利益が計上され、その決算の結果に対して経営努力の認定がされないおそれがあります。としますと、無理やりに年度予算を執行しようという力学が働き、新聞報道等にあったような取引業者への預け金等の不正が行われました。このことは、年度ごとに精算している科学研究費補助金でも頻発しま

した。しかし、予算の執行が年度後半に偏る傾向がある中で、全てを執行すること自体が神業であり、無理が生じているものと思われます。

　この事実に対して実務的な緩和措置が講じられているところで、今後の更なる対応が待たれるところです。

1-3 財務諸表の内容

　国立大学法人は毎年度に1年間の決算状況を示す財務諸表を、「国立大学法人会計基準」に従って作成しなければなりません。その財務諸表の内容について概観しましょう。

1. 貸借対照表

　貸借対照表の様式は、「国立大学法人会計基準」（以下「基準」と言う）第56に示されています。一般企業で見る貸借対照表は流動資産→固定資産、流動負債→固定負債という順で表示されており、これを流動性配列法と言いますが、国立大学法人ではこれと逆の配列となっており、固定資産→流動資産、固定負債→流動負債という順で表示されます。

　また、資産に計上されている勘定科目は一般企業でも見るものですが、負債には特有の勘定科目が計上されています。資産見返負債や○○債務という科目名はあまり見ることがありません。これについては第3章で説明することにします。

2. 損益計算書

　損益計算書の様式は、基準第63に示されています。やはり一般企業とは大きく異なります。一般企業では、売上高→売上原価→販売費及び一般管理費→営業外損益→特別損益という順番で示されますが、国立大学法人では先ず経常費用が示され、それに続いて経常収益→臨時損益となります。なぜ費用を最初に示すのかですが、一般企業では

これだけの売上を上げるのに原価や経費がこれだけかかりましたということを示しているのに対して、国立大学法人ではこれだけの費用をこのような収益によって賄いましたということを示しているのです。つまり表現しようとしていることが全く逆なのです。

　元来国立大学法人は、利益を稼得することを目的にはしていませんので、損益計算書なる計算書類は馴染まないのではないかと考えられます。同じ教育研究活動をしている私立の学校法人で作成している計算書類には損益計算書はありません。それと近い内容を示しているのが、消費収支計算書になります。一般企業で作成している損益計算書の目的は、当該事業年度の経営成績を示すもので、所謂儲かったか損をしたかを示すものです。ですから、平成16年度の国立大学法人の決算が出揃ったところで、週刊雑誌が面白可笑しく「全国国立大学法人利益ランキング」なる記事を掲載したのです。これは損益計算書なる財務諸表の宿命ですが、最後に記載されるのが「当期総利益」の金額になります。これを見る多くの読者は、儲かったか損をしたかとしか考えないでしょう。残念ながら、国立大学法人の会計基準は先行した独立行政法人会計基準の枠を超えることができなかったため、損益計算書という名称の財務諸表を作らなくてはならなくなったのです。でも、表示しようとしている内容を正確に理解して作成する必要があります。

3. キャッシュ・フロー計算書

　キャッシュ・フロー計算書は読んで字の如く、お金の動きを収入と支出の総額で捉えた計算書類です。この計算書は企業会計でも取り入れているので、一般的によく知られており、その内容も理解されています。

企業会計では、キャッシュの収支を営業活動、投資活動、財務活動の3区分で表示しています。一方国立大学法人では、業務活動、投資活動、財務活動の3区分で表示していますから、その表示区分はほぼ同じと考えられます。ちなみに私立の学校法人では、このキャッシュ・フロー計算書の機能を資金収支計算書で示していますが、平成27年度から新たに活動区分別資金収支表を作ることになっています。この区分表示では、教育研究事業活動、施設等整備活動、財務活動の3区分としており、大学の活動を表すには適切な名称となっています。

4. 利益の処分又は損失の処理に関する書類

　この書類は旧会社法で規定していた利益処分計算書又は損失処理計算書を援用したものです。損益計算書で算出した当期総利益又は当期総損失を受けて、その処分又は処理内容を示すものです。

　企業会計では、剰余金の増減や出資者である株主に対する配当金分配額が表示されますが、国立大学法人では出資者である国に対する配当金の支払いはありませんので、この計算書類で示すのは利益をどのような目的名称の積立金にしたのか、又は、損失をどのような財源で穴埋したのかを示すことになります。

5. 国立大学法人等業務実施コスト計算書

　この計算書類は企業会計にはない、独立行政法人及び国立大学法人独特のものです。ですので、一般企業の計算書類を見ている方には最も解り難い計算書類になります。

　簡略に表現すれば、国立大学法人の運営に国民の負担に帰する国費をどれほど投入しているのかを示している計算書類になります。その表示内容を示しますと、国立大学法人の運営に係る総費用から学生か

らの授業料等の自己収入を差し引いた額を国立大学法人等業務実施コストとしています。もちろんこの引き算は赤字になります。その赤字額が国の予算で措置されているのです。

この計算書類には、損益計算書には計上されていない潜在的な費用額も計上されており、後述する複式簿記による帳簿記録以外の数値も示されることになります。

6. 附属明細書及び注記

附属明細書も主な勘定科目に関して会社法の雛形から引用してきました。当初はこれほど多くはなかったのですが、次々と追加されて、現在24項目になり、25番目に24項目以外の主な資産、負債、費用及び収益の明細があり、相当のボリュームになります。

また、企業会計と同様に計算書類の作成の前提となる会計方針等を注記として開示することになります。

1-4 決算の進め方

　国立大学法人は4月1日から翌年の3月31日までの1年間を1事業年度として決算を行うことになります。これは国の会計年度と同じですが、年度末の決算手続のスケジュールは国の時代とは異なります。

1．期末日の手続

　期末日の3月31日に向けて、特段の作業を進めることになります。まず各部局に配分されている予算の執行を期末日までに終了することです。過去の慣例なのか年間の予算の執行が年度の後半に偏る傾向が強く、特に年が明けた2～3月に執行されるのが多くの実例です。法人化によって採用された会計基準では、あくまでも3月31日までに発生した取引をその年度の取引として認識するので、4月1日以降納品された取引は翌年度の取引になります。発注から納品までの時間的な余裕を考えますと、3月31日までに納品検収を済ませるのに無理が生じ、報道されているような不正行為の温床となっています。ですから、各部局に対して必要な予算の執行を年度内に収まるように指示を出す必要があります。

　また、附属病院の医薬品・医療材料、ボイラーの重油タンク、その他の棚卸資産の期末の棚卸をして、3月31日現在の実在庫高を確定することになります。併せて、手元にある現金カウント、銀行に預けてある預金残高の確認の用意もします。

2. 決算整理

　4月1日以降に、3月31日までに発生していた取引を認識して財務会計システムに入力します。31日までに診療を行った病院収入ですが、患者の自己負担分と保険診療分を計算して収入に計上します。また、その他の収入に関しても31日までに役務の提供が終わっていれば収入を計上します。もちろん現金収入がなくても未収入金として債権を認識することになります。また、31日までに物品の納入・検収が終わったもの、役務の提供を受けたものについては、その取引を認識して費用又は資産を計上します。もちろん代金が未払いであっても、31日までの取引として認識することになります。この期末での各部局の取引を全てシステムに入力する迄の期限は4月1日から1～2週間です。ですので、納品伝票や請求書の提出遅れは決算作業にとって大きな支障となりますので、各部局への徹底が求められます。附属病院での保険診療に係る支払基金への未収額も、4月10日までには計算ができていますので、期限までの未収附属病院収入の金額も確定できます。このように期末日の未収債権と未払債務を確定することになります。そして、期末特有の会計処理、すなわち引当金や減価償却の計算をします。

3. 帳簿の締切

　期末決算修正の入力が終わりますと、当該年度の会計帳簿を締め切ることになります。つまり全ての勘定科目の計上金額を確定することになります。この締切期限が4月20日前後になります。

4. 決算書類の作成

　会計帳簿の各勘定科目の計上金額を計算書類に書き写す作業になります。実際には会計システムを操作して各計算書類と附属明細書を出力することになります。併せて重要な会計方針等の注記事項を作成します。この注記事項には数値を記載する箇所が多くありますので、実は相当に時間を要する場合があります。

　全ての計算書類の完成は5月中旬が目処になります。この他にも、国立大学法人では事業報告書と決算報告書を作成することになります。

5. 決算書の機関承認と監事及び会計監査人への提出

　国立大学法人は法令に基づいて監事及び会計監査人の監査を受けることになります。そのために、大学として監査の対象となっている財務諸表、決算報告書及び事業報告書を、監事及び会計監査人に提出します。この監査制度も企業会計に担ったもので、会社法に定める監査役と会計監査人の役割を写しています。一般の会社の実務では、取締役会の承認の下でこの計算書類等を監査役及び会計監査人に提出している例もあり、大学として第三者である会計監査人に重要書類である計算書類等を提出するのですから、機関決定をしている例もあります。この提出時期は5月20日前後になります。

6. 監査報告書

　計算書類等を受け取った会計監査人は、独立した第三者として計算書類、決算報告書及び事業報告書に対して監査を実施し、学長宛に監査報告書を提出します。

　また、監事は独自の立場から会計監査を実施し、併せて役員の業務

執行に関する業務監査を行って監査報告書を学長宛てに提出します。監事の会計監査に当たっては、会計監査人の監査報告を聴取し、その方法及び結果に関する意見も表明します。この点は会社法の制度設計に類似しています。

　会計監査人と監事の監査報告書の提出が6月10日前後となります。

7．役員会及び経営協議会の承認と文部科学省への提出

　学長は会計監査人及び監事の監査結果を受けて、役員会及び経営協議会に報告・説明して、計算書類等に承認を受けます。そして主務大臣である文部科学大臣に提出することになります。役員会と経営協議会が6月20日前後に開催され、文部科学省への提出期限が6月末日となっています。

8．中期計画期間の最終年度の日程

　国立大学法人は平成16年4月に発足し、中期計画としての運営の区切りを6年間としています。第1期中期計画期間が平成22年度ま

でで、その最終年度の決算スケジュールは相当に前倒しになりました。第1期から第5期までの各年度の計算種類等は6月末までに文部科学省に提出すればよかったのですが、第6期では6月末までに文部科学省を通じて財務省に提出しなければなりませんでしたので、決算スケジュールを3週間早くしなければなりませんでした。今後も中期計画期間の最終年度の決算スケジュールは注意しなければなりません。

1-5 各大学の取組み

1. 国立大学法人の財務諸表の見方について

　国立大学法人等は企業会計に準拠した会計基準に従って財務諸表等を作成していますが、実は企業会計と大きく異なる点が多々あります。このことは国から法人化した国立大学法人等にだけに見られることではなく、同じ教育研究を目的にしている私立の学校法人にも言えることです。学校法人の会計実務においても複式簿記に従って日々の取引を記録し、国立大学法人等と全く同じ処理手続を経て財務諸表（学校法人では計算書類と言っています）が作られています。しかし、教育研究を目的として営んでいる組織であり、利益の稼得を目的にはしていませんので、損益計算書なる計算書類は作成されてはいません。また、学校法人は事業会社のように出資者の出資によって設立された訳ではありませんので、出資者に対する配当金等の利益の還元は全く想定されていません。学校法人は教育研究に対する奇特な意思に基づく寄付行為によって設立される組織ですので、寄付者に対する反対給付はありません。その寄付行為によって、学校法人の財産的な基礎が築かれ、これが基本金となります。この基本金は資本金と似た名称ですが、出資とは違い、その会計処理にも特徴があるため、企業会計の見方からすると難解と言われています。そのため、学校法人のホームページを見ますと、学校法人の会計基準について丁寧に解説している例があり、子弟が入学している父兄をはじめ学校法人の経営状態に関心のある読者に対して、説明責任を果たすために真摯に対応しています。

一方、国立大学法人等に対して適用されている会計基準も企業会計とはやや趣を異にしており、やはり一般の読者には難解と言えます。利益の稼得を目的としていないのに、何故損益計算書を作成しているのか。極めて素朴な疑問です。また、独立行政法人同様国立大学法人等で作成されている「業務実施コスト計算書」も、企業会計では作成していない決算書であるため、分かりにくいのです。財務諸表を作成する目的の原点を考えることでしょう。財務諸表を見る読者を意識し、読者の理解を得られるものでなければならないのです。そのために、国立大学法人等に適用されている会計基準の簡略な解説、財務諸表に示されている数値の時系列比較、そして特有の勘定科目の解説、公表している財務諸表の体系の説明等の手当が必須ではないかと考えられます。既に国立大学法人の中にはビジュアルによる丁寧な解説を試みている例も散見されます。大学は教育研究の質と内容によって勝負することは当然なことですが、その活動を財務面で支える大学自らの経営姿勢が必要になります。一般企業のように、より多くの利益を稼得することによって、大学の評価を上げることにはなりません。平成16年度の決算発表を見て、経済週刊誌の「全国国立大学利益ランキング一覧表」なる記事に続き、有力全国紙においても利益のランキングを掲載しているのは不見識としか言いようがありません。一般企業とは違い、多額の利益を上げることで高収益大学となることが高い評価を受けるのではないのです。法人化初年度当時には、各大学として地元新聞社の取材に応じて財務諸表の概要を説明したのでしょうが、その記事で大学の目的そのものの理解を得ることは到底できないでしょう。限られた財源を使ってより良質な教育と研究を行うために、経営効率の向上を図ることが求められているので、決して多額の利益を稼得することが目的ではないのです。この点を強調して、大学自ら

が高い評価を受けたい点に焦点を当てて、財務諸表を公表して解説しなければならないのです。

実は、国立大学法人等がホームページで解説している記事の中で理解し難い表現があります。某大学のホームページの表現をそのまま引用してみます。

■今期における当期総利益の主な要因
□現金の裏付けがあるもの
・効率的な事業の実施による経費節減など　　　　xxx 百万円
□現金の裏付けがないもの
・自己収入により取得した固定資産取得費と減価償却費との差額　　　　xxx 百万円
・附属病院の建物建設資金や診療機器等の整備のために財政投融資からの借入金の償還期間とその財源で取得した固定資産の減価償却期間のずれから発生する借入金元金償還額と減価償却費との差額　　　　xxx 百万円

この現金の裏付けのある利益とない利益という説明ですが、企業会計からしますとよく分かりません。ほかの資料の表現では、現金の裏付けのない利益は実体のない利益と解説されていました。企業会計の手法を用いて会計処理をして、財務諸表を作成しているのですが、このように表現されますと、何のことやらよく分かりません。利益の概念を十分に説明しませんと、多くの読者の理解を得ることはできないでしょう。

また、資産の取得にかかる処理でも、その取得財源によって処理が異なります。いわゆるお金に色を付けているのです。その取得財源如何によっては、固定資産の取得が資本取引として、増資と同じ純資産

の増加と考えたり、また取得資産に対応した見返勘定を負債に計上するという処理も、企業会計では採用されていないものです。そしてその固定資産の減価償却及び減損処理には、損益計算書に費用・損失として計上されるものと、純資産より直接控除されるものがあります。固定資産にかかる会計処理でも、企業会計とは大きく異なる点があるため、やはり解説が必要でしょう。

　国立大学は平成16年に全国一斉に法人化され、スタートした組織で、一般的には横並び意識が強いと思われますが、全国の大学には学部構成の違い、附属病院の有無、立地環境の違い、そして創立からの沿革等々相当の差異があります。その点を意識しつつ、各大学法人の独自性を明らかにして、各地域で果たすべき教育と研究を提供して行かなければなりません。金太郎飴ではなく、横並びではない各大学法人の特色を示す情報発信が求められます。各大学のコンペティターは、隣接する国立大学法人はもちろんのこと、私立大学も強力なコンペティターですので、それを意識して自らの魅力を伝えなければなりません。他校を意識することで、自らを改善していくべきでしょう。

1-補節 経理・財務の日常業務

1. 財務会計システム

　全国の国立大学法人は、平成16年4月を目指して大急ぎで財務会計システムをベンダーに発注しました。各大学が独自にシステムに求める要件を整理して個別に発注しましたが、会計基準に続く実務指針も日程的にはギリギリの段階で決定しましたので、各ベンダーも相当にタイトな日程の中でソフト開発を求められました。その結果、全国でベンダーが入り乱れてしまい、多くのカスタマイズされた財務会計ソフトが混在することになりました。某大学では半年間システムが正常に作動しなかったり、十分なトライアルなしに期末決算に突入したりで、大学の経理・財務担当部署には相当の負荷がかかりました。

　法人化後第2期中期計画期間に入り、財務会計ソフトの更新が進み、より簡便で使い易いシステムに改善が進んでいます。当初より大学の規模に応じた標準システムを構築していれば、各大学での苦労と経済的負担は相当に軽減されたものと思います。

　法人化後の経理・財務担当者の方にとって、複式簿記による処理は初めてのことで、ドキドキされたことと思います。会計伝票の入力そのものはさほど難しいものではありませんが、問題なのは借方と貸方の勘定科目を間違いなく入力することです。システムは借方・貸方（左右）の金額が一致していれば、エラーメッセージもなく、その取引を認識してデータとして読み込んでしまいます。一旦誤ったデータを入力してしまいますと、後になって探すのには多大な時間と苦痛を

強いられます。初期の入力には細心の注意が求められます。

2. 予算の執行

　多くの大学の一般的な傾向ですが、教育経費、研究経費の予算の執行が年度後半に偏っており、特に年明けに納品が集中しているようです。当該年度の予算ですから、その年度の教育・研究のために使われて然るべきと思うのですが、年度末に使われるとなりますと、その年度の教育・研究に効果を発現していないのではないかと感じているのです。教員の方からは、年度後半まで予算を大事に使いたいとの意見はありますが、連続する教育・研究を計画的に進めるための予算であれば、年度当初から使い道を想定していることと思います。

　毎月役員会に予算の執行状況が報告されているかと思いますが、予算執行のあるべき姿を示し、計画的な執行が求められるところですし、経理・財務担当部署からの強い要請であるはずです。

3. 事務職の人事ローテーション

　国立大学法人の事務職の方は、通常4月1日付けの人事異動が行われています。職員の方のジョブ・ローテーション、キャリア・アップのための人事政策ですが、特に経理・財務部署は期末決算による財務諸表等の作成が4月から6月に集中し、そこに4月1日付で異動してきた方が年度決算を担当するということは、組織としても個人としても大きな負荷となります。文部科学省の人事異動とのリンクの問題もありますが、経理・財務部署の方については年度決算終結までなるべく異動を待って欲しいものと思います。一般の企業では、慣れた経理担当者を年度末に異動させることはあまり例がありません。

　また、附属病院を設置している42大学では、春、夏、冬休みなく

年中無休の診療行為が行われており、病院医事課をはじめとする病院事務担当部署には他部署より大きな負荷がかかっています。特に毎日診療収入という多額の資金が動きますので、その現金管理にも神経を使うところです。事務職の方は病院事務への異動をあまり歓迎してはいないようですが、大学の中で最もドラスティックに資金が動く部署ですし、病院事務を経験することは大学全体を見るためにも必須な経験であると思います。

4. 現物の管理

　法人化後には、大学法人名義の銀行預金通帳を持って自ら資金管理を行い、必要な資金の収入と支出のタイミングを図って資金繰りをしなければならなくなりました。授業料、運営費交付金、保険診療報酬等の収入と、人件費、薬品及び医療材料代金の支払、物品購入代金の支払等の支出に係る資金管理は、法人運営にとって重要な役割です。一般企業では6ヵ月以上先までの資金収支計画を立てて、必要に応じて銀行からの借入交渉をします。例え企業の経営状態が黒字で良好と言われても、資金繰りに失敗しますと黒字倒産という実例がありますので、組織の存続のための最重要事項とされています。少し脱線ですが、毎日現金を扱う附属病院の医事課では、あってはならないことなのですが、現金の過不足が発生することがあります。最近は機械精算が多いので、手渡しで現金精算する例は少なくなりましたが、もし現金過不足が発生した場合には、その事実を会計上認識し、現金過剰の場合には仮受金、現金不足の場合には仮払金として処理し、後日の調査で判明した場合には正しい勘定に振替え、不明の場合には雑益又は雑損として処理します。決して担当者が自分の財布で過不足調整をしてはなりません。不正の温床になってしまいます。

法人化によって、資産の管理が従来よりも厳しく求められるようになりました。貸借対照表の資産に計上されるため、資産管理台帳を整備して貸借対照表の数値と一致していなければなりません。ただし、国立大学法人等会計基準では、固定資産として計上する金額基準を50万円としていますが、これは多くの一般企業の資産計上基準が10万円であることからして、あまりに高い金額基準であると考えられます。一般企業には法人税が課税されており、その税法規定で資産計上基準を10万円と決めているのです。一方、国立大学法人等では、取得価額50万円未満の固定資産は貸借対照表に計上されることはなく、結果として管理が疎かになるおそれがあります。会計監査で伺っていた折に、例えばホッチキス一つでも法人の備品であり、私物のように思い間違って雑に扱ってはいけないと言っておりました。相当の機能をもった事務機器、例えばPCやデジカメでも50万円未満で購入でき、資産計上されませんが、法人の財産であることを十分に認識すべきです。

5. 会計基準及び実務指針の改訂

　国立大学法人会計基準の生い立ちは既に記載しましたが、企業会計に準拠するという趣旨の下で、あまり国立大学法人等には関係の薄い基準も規定されています。例えば、税効果会計、連結財務諸表の規定が考えられます。

　税効果会計とは、法人税等の利益課税を受ける一般企業に適用されている基準です。Tax Effect Accountingを直訳したため、税効果会計と呼ばれており、日本語として分かりにくいのですが、会計と税法との違いに焦点を当てた会計処理になります。ですから、国立大学法人等にはあまり縁がない世界のことになります。

連結財務諸表ですが、一般企業では多くの子会社や孫会社を傘下に持っている例が多く、その企業の経営成績及び財政状態を見るためには親会社・子会社及び孫会社等を一個の組織体として財務諸表を作る必要があるのです。日本を代表するような企業には1千社を超える数の会社によって構成されているような連結グループがあります。では、国立大学法人等にそのような組織があるかといいますと、現実には現れてきてはいません。今後大学発ベンチャーへの出資によって、連結財務諸表を作る必要があるかもしれませんが、一般企業が作成しているような連結財務諸表は想定し難いといったところです。ただ、附属病院を設置している大学法人によくある例ですが、病院の厨房やリネンサプライ、駐車場管理等に公益法人が関与していることがあり、一定の要件に該当しますと財務諸表の注記事項としてその公益法人に関する記載が求められています。これは国立大学法人等に記載が特に求められている事項です。

6. 不正行為の回避

国立大学法人等は、単年度の予算主義によって運営されています。当該年度の1年前位より予算策定をして、収益と費用、つまり収入と支出の予算を組んで臨むことになります。平成15年までの国時代も歳出予算を組んで臨み、そして予算通りに事が運ぶ訳はないのですが、不思議なことに予算通りに着地するのです。民間の例から考えますとまさに神業なのですが、この神業を毎年繰り返してきていたというのですから驚嘆です。法人化後もその習慣（と言っていいのか分かりません）が引き継がれ、予算執行（消化）されています。しかし、予算の執行が年度後半、もっと言うのであれば年明けの1〜3月に集中しているようです。そこには年度末までに配分された予算を使い残さずに

消化するという意識が働くのでしょう。既に多くの新聞で報道がされましたが、消化しきれない予算をあたかも執行したかのように見せかけて、資金を業者に預けたという事実が頻発しました。国の独立行政法人では、取引先の業者が破綻したことで数億円に上る預け金が公になりました。法人に交付された資金とは言っても、元は税金ですので、その資金操作は検察庁が動く大問題になりました。同様の預け金の例が科学研究費補助金でも起こっており、多くの場合で国への返還が求められました。

　この原因の一つが、単年度による予算主義にあると考えられます。国立大学法人等の会計処理では、運営費交付金や授業料は原則としてその年度の収益に計上されますが、一方の経費予算では、時間切れで執行できなかったもの、又は研究の目的を達するためには金額的に満たされないため、未執行とならざるを得なかったという場合があります。そうしますと、［収益＞費用］で差し引き利益が計上され、国立大学法人評価委員会の利益の評価の如何によっては国に召し上げとなってしまいます。そんなことになるのならば、無理やり執行したことにしたいというのは人間の心理でしょう。そこに不正の温床の一つがあるのです。某大学では、予算で購入した機器備品をネット・オークションで横流しした事件が起こりましたが、これは犯罪であり論外です。

　このような単年度予算の是正措置が各大学で講じられており、科学研究費補助金でも一定の手続によって翌年度への繰越ができるようになりました。少ない教育・研究経費予算ですので、現場で使いやすい方法を講じて、効率的な運営を考えるべきでしょう。

第2章

国立大学法人会計基準のさわり

　国立大学法人会計基準は、平成14年に法人化の方針が決まってから大急ぎで準備されました。既に平成14年に発足していた独立行政法人会計基準に準拠し、学校という特殊性を基準に反映するための加筆修正がなされて産声を上げました。

　ここでは前章を引き継いで、会計基準の構成内容について概観することにします。

2-1 国立大学法人会計基準の構成

1. 基準の概要

　国立大学法人は企業会計の手法に準じた会計基準によるとなっていますが、企業会計で定められている「企業会計原則」は一般原則、損益計算書原則、貸借対照表原則の3部構成になっています。それに24の注解が付されています。しかし、具体的な財務諸表の表示に関しては財務諸表等規則（内閣府令第61号）で定めていますし、個々の会計処理に関するルールはそれぞれの会計基準によって定められています。

　これに対して国立大学法人会計基準では、各勘定科目の定義、会計処理、表示の全てを包含する内容となっており、注解を含めますと相当のボリュームになります。

　この本を読まれる方は、文部科学省のホームページに掲載されている国立大学法人会計基準を入手して、参照されることをお薦めします。

2. 基準の構成

　国立大学法人会計基準は、12章と別添の1基準によって構成されており、この基準の各条項を説明する注解が付されています。そして、より詳細な内容を解説するためにQ&A方式で示されている実務指針が公表されています。全体を見ますと相当量になり、実務指針だけでも平成24年現在で166頁になります。

　基準の各章を見てみましょう。

第1章　一般基準：会計基準全体に共通する基準を示しており、「企業会計原則」に準拠しています。

第2章　概念：財務諸表に表される資産、負債、純資産、費用及び収益、そしてキャッシュ・フロー計算書における資金、国立大学法人等業務実施コストの概念について解説しています。

第3章　認識及び測定：資産及び負債の評価、費用及び収益の認識にかかる原則について解説しています。

第4章　財務諸表の体系：国立大学法人等が作成すべき財務諸表の体系とその作成目的を解説しています。

第5章　貸借対照表：表示方法と表示される勘定科目を列挙し、その表示様式を示しています。

第6章　損益計算書：表示方法と表示される勘定科目を列挙し、その表示様式を示しています。

第7章　キャッシュ・フロー計算書：資金の動きを表示する区分の内容に関する説明とその表示様式を示しています。

第8章　利益の処分又は損失の処理に関する書類：表示される項目の表示区分の説明とその表示様式を示しています。

第9章　国立大学法人等業務実施コスト計算書：ここでは表示様式と必要な注記事項を説明しています。

第10章　附属明細書及び注記：25個の附属明細書を列挙すると共に、財務諸表全体にかかる注記事項についての解説をしています。

第11章　国立大学法人等固有の会計処理：一般企業とは異なる国立大学法人等の運営の特殊性に鑑みた会計処理基準を解説しています。

第12章　連結財務諸表：研究成果としてのノウハウを用いて、国立

大学法人等でも事業会社に出資することを想定して、企業会計で採用されている連結財務諸表を作成するための基準を追加したのです。

別添　固定資産の減損に係る国立大学法人会計基準：企業会計で固定資産の減損処理に関する会計基準が適用されたため、追加設定された基準です。

3．注解の存在

　これは企業会計原則等の会計基準でも同様ですが、基準の各条項に内容を補足するための注解が付されています。基準で定めている本文の条項は第1から121まで、別添とされた固定資産の減損に関する基準では第1から11までありますが、この注解は基準で79、固定資産の減損に係る基準で11の合計90あります。

4．実務指針

　実は上記の注解に加えて、より詳細に会計基準と注解を解説しているのが実務指針です。この実務指針の正式名称は「「国立大学法人会計基準」及び「国立大学法人会計基準注解」に関する実務指針」で、Q&Aの形式で説明しています。Q1-1からQ120-1、そしてQ減損0-1からQ減損10-1、それぞれに枝番が付されたQ&Aもあり、全部で307項目の多くに及んでいます。

5．基準と実務指針の改訂

　国立大学法人は平成16年4月1日の発足した法人で、準拠する会計基準もこれに合わせて定められました。しかし、法人化後の企業会計での新たな会計基準の登場や、国立大学の法人化後の実務で発生し

た問題への対応のために、数度に亘って改訂が加えられています。

　「国立大学法人会計基準」及び「国立大学法人会計基準注解」は、国立大学法人会計基準等検討会議より公表されており、平成15年3月5日、平成17年12月22日、平成19年12月12日、平成21年7月28日、平成23年1月14日、平成24年1月25日と、既に5回の改訂が行われています。

　「「国立大学法人会計基準」及び「国立大学法人会計基準注解」に関する実務指針」は、文部科学省・日本公認会計士協会から公表されており、平成15年7月10日、平成17年6月13日、平成18年1月17日、平成19年3月1日、平成20年2月13日、平成22年3月24日、平成23年2月15日及び平成24年3月30日と、7回の改訂が行われています。

　毎年度の決算の際に、この改訂の内容が気になるところですが、文部科学省からの通知によく目を通しておくか、大学を担当している会計監査人に確認するといいでしょう。

2-2 一般基準

　国立大学法人会計基準の一般原則では、会計処理と表示に関する原則を示しており、基準全体に影響を及ぼしています。

1．真実性の原則

　国立大学法人等（大学共同利用機関法人を含みますので「等」となっています）の会計は、国立大学法人等の財政状態及び運営状況に関して、真実な報告を提供するものでなければならないとしています（基準第1）。

　国立大学法人等には法人としての自立性が与えられていますが、その反面業務運営に対する説明責任が求められています。その説明責任を果たすための事後評価を適正に受けるため、運営の結果を明確にする必要があります。国立大学法人等の会計は、運営結果である財政状態及び運営状況に関して真実な報告を提供しなければならないとしているのです。

　この真実性の原則は企業会計原則にも定められていますが、そこでは「財政状態及び経営成績に関して、真実な報告を提供するもの……」としています。企業は営利を目的にしていますから、損益計算書で示しています経営成績という表現になっているのです。

2．正規の簿記の原則

　国立大学の法人化によって劇的に変わったのが記帳方法です。従来は歳入と歳出という単式簿記によっていました。法人前に某国立大学

の主計課長が「今まで単式簿記が正しい記帳方法と思っていましたが、法人化後は複式簿記が正しい方法と考えなければならないのですね。」と言われたことを思い出します。法人化を控えて複式簿記を理解するために、多くの事務担当者の方が日商簿記検定の受験を義務付けられていましたが、日商簿記では商業を行う一般企業を前提にしており、国立大学法人等にはない売掛金・受取手形、買掛金・支払手形、棚卸資産・売上原価等々の取引はあまり縁がありませんので、受験された方はさぞ当惑されたことでしょう。

　国立大学法人等の財務諸表は、正確な会計帳簿に基づき作成し、相互に整合性を有するものでなければならないとしています（基準第2）。

　そして、財政状態及び運営状況に関する全ての取引及び事象について捕捉し得る合理的な会計処理及び記録の仕組みとして、複式簿記を導入するものとします（注解2）。

　複式簿記に関しては2-3で説明することにします。

3. 明瞭性の原則

　財務諸表の明瞭表示を求める原則で、国民その他の利害関係者に対し必要な会計情報を明瞭に表示し、国立大学法人等の状況に関する判断を誤らせないようにしなければならないとしています（基準第3）。

　国立大学法人ですので、まず国民に分かりやすい会計情報であることを求めています。また、その他の利害関係者としていますが、国立大学法人の利害関係者となりますと、学生やその父兄、卒業生と受験生、大学法人との取引先、大学の教職員、地域住民と地方自治体等々広範に及びます。

　国立大学法人等は、国から教育研究のために負託された経済資源に関する会計情報を負託主体である国民を始めとする利害関係者に対し

て報告する責任を負っています(注解4)。

4. 重要性の原則

　この重要性の原則は実務的な対応を念頭に置いた考え方を示しています。企業会計でも注解1で示しており、金額的重要性と質的重要性の両面から考えなければなりません。特に質的重要性では、国立大学法人等の公共的性格に基づく判断を加味して行わなければならないとしています(基準第4)。

　財務諸表の読者である国民を始めとする利害関係者に、国立大学法人等の財政状態及び運営状況についての理解を得られることが第一ですので、そのために重要性の高い事項についてはより詳細に、重要性の乏しい事項についてはより簡便に会計処理し、表示することを求めているのです。

　また、国立大学法人等に特有な定めですが、国立大学法人等が多数の同種の業務を行う法人があるため、その法人間の会計情報の比較可能性の確保のために、一定の事項については統一的な取扱いをする必要があるとしています(注解5)。

5. 資本取引と損益取引区分の原則

　この原則は企業会計にも規定されていますが、その内容は大きく異なります。もちろん、財政状態及び運営状況(企業ですと経営成績ですが)を適正に示すために資本取引と損益取引を区分して、利益又は損失の額を確定させることが必要であることは同じです(基準第5)。

　しかし、企業会計と国立大学法人等会計とは資本取引の概念・範囲が異なるのです。国立大学法人等では、出資者である国との関係において、国立大学法人等の独自の判断で意思決定が完結し得ない行為に

起因する支出など、業績を評価する手段としての損益計算に含めることが合理的ではない支出は、企業会計の考え方とは異なり、国立大学法人等の損益計算には含まれないことになります（注解6）。

このことは第11章の国立大学法人等固有の会計処理に規定されていますので、そこで詳細に検討することにします。

6. 継続性の原則

この原則は企業会計で定めている趣旨と同じです。国立大学法人等の会計において、一旦採用された処理の原則及び手続を毎期継続して適用し、みだりにこれを変更してはならないとしているのです（基準第6）。

一つの会計事実に対して、二つ以上の会計処理の原則又は手続の選択適用が認められている場合がありますが、一旦選択した会計処理の原則又は手続は継続して適用しなければならないとしているのです。この原則は財務諸表の期間比較可能性を維持することと、恣意的な選択適用を排除することを指示しているのです。しかし、いかなる場合にも変更は認めないとしている訳ではなく、正当な理由があれば一旦選択した会計処理の原則又は手続を変更可能としています（注解7）。

この正当な理由とは、適用されている基準や実務指針の改訂、変更することによって従来よりも合理的な結果となる場合、著しい経済事象の変動があった場合、そして組織再編等による存立の目的に変更があった場合等が考えられます。

ただし、国立大学法人会計基準では一般企業より会計処理に関する選択肢は少ないため、この継続性の原則を気にする機会は少ないでしょう。

7. 保守主義の原則

　国立大学法人等の存立にとってより保守的な処理を求める原則で、予測される将来の危険に備えて慎重な判断を求めています。ただ過度な処理を求めているものではなく、真実な報告を歪めてはならないとしています（基準第7）。

　この原則の具体的な処理としては、未収附属病院収入の回収不能見込額を見積もって徴収不能引当金の計上や、医薬品等のたな卸資産の時価が取得原価よりも下落した場合の評価損の計上が考えられます。

2-3 複式簿記

1．複式簿記とは何？

　国立大学の法人化に伴って適用されることになった複式簿記ですが、既に多くの企業、私立の学校法人、公益法人等々で採用されており、諸外国の企業はもちろんのこと、政府においても広く採用されている記帳方法です。

　今後地方公営企業をはじめ、地方自治体、そして日本政府も早晩適用することになる記帳方法ですので、複式簿記の手法を理解することは公共性の高い国立大学法人等の教職員に方にとっても、日常業務が如何に行われているかを理解しておくために必須となります。

　前にも述べましたが、簿記と言いますと日本商工会議所が行っている「日商簿記」を思い浮かべますが、国立大学法人等の実務で必要とする簿記とは行っている事業の性格からして大きな違いがあります。日商簿記ですと、取引の対象となる商製品の受払記録や売掛金、受取手形、買掛金、支払手形の会計処理が大きなテーマとなりますが、国立大学法人等では附属病院を除き商製品の仕入・販売、売掛債権の回収、手形の受払は基本的にはありません。このような点で国立大学法人等に係る簿記は日商簿記とはその対象とする取引範囲が狭いとも言えますが、一方で日商簿記・企業会計とは異なる考え方・解釈があり、企業会計に慣れ親しんでいる民間の人達にとっては、難解と思われる点があります。この点に関しては、国立大学法人等の情報開示において充分な解説が求められるところです。

2. 複式簿記の採用

　国立大学法人等の会計は、財政状態及び運営状況に関する全ての取引及び事象について、複式簿記により体系的に記録し、正確な会計帳簿を作成しなければなりません。また、会計帳簿は網羅的かつ検証可能な形で作成されなければなりません。そして、財務諸表は複式簿記によって記録された会計帳簿に記載された内容によって相互に整合性を有するものでなければならないとしています（基準第2）。

3. 簿記の意義と目的

(1) 簿記とは

　簿記という名称は、帳簿記入を略したものだと言われているように、『簿記とは？』と聞かれれば、簡単に『**帳簿を記入すること**』ということになります。しかし、何でも帳簿に記入すれば簿記となるのかと言えばそうではなく、下記の要件が求められます。
・経済活動の記録であること
・継続的に記録されること
・金額によって記録されていること
　ここで言う簿記とは、単に帳簿に記帳する事務作業を指しているだけではなく、記録をまとめてそれぞれの目的に合致するような一覧表、報告書などを作成することまで含めて簿記と考えるべきです。
　国立大学法人等が備えるべき基本的な会計帳簿の体系は、実務指針Q2-1に下記のように示されています。

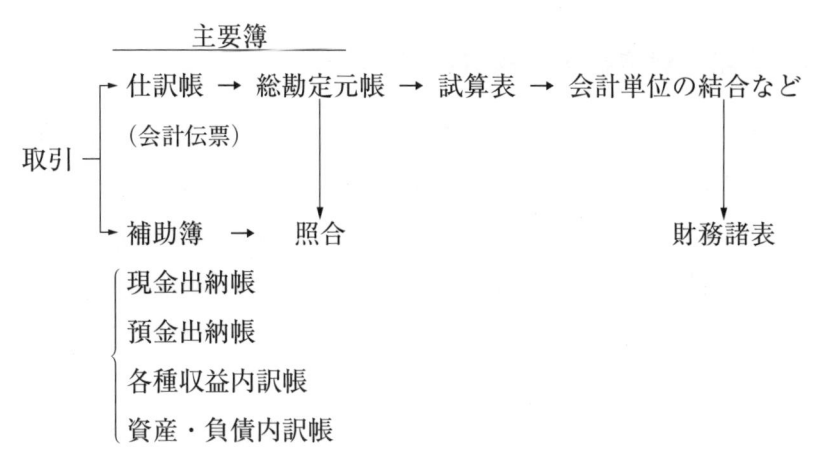

```
                    主要簿
            ┌─ 仕訳帳 → 総勘定元帳 → 試算表 → 会計単位の結合など
            │  （会計伝票）         │
  取引 ─┤                          │
            │                          ↓
            └─ 補助簿 →   照合                          財務諸表
                ┌ 現金出納帳
                │ 預金出納帳
                │ 各種収益内訳帳
                └ 資産・負債内訳帳
```

　この主要簿の仕訳帳は会計伝票に置き換えられていますし、総勘定元帳、各種の補助簿、試算表そして財務諸表の作成まで、財務会計システムの中で処理されています。

(2) 簿記の目的

　簿記の目的といいますと、単に帳簿に取引を記録することと考えられますが、その延長線上に目的があります。

　第1に、財務会計目的が挙げられます。これは法人の一定期間の運営状況と一時点の財政状態すなわち財務諸表を明示することにより、国民を始めとする利害関係者に対して説明責任を果たすことがその目的です。

　第2に、国立大学法人等の経営者に対して、法人の業績評価に関する情報等を提供する管理会計目的が挙げられます。国立大学法人等の学長を始めとする経営者に対して、事後評価に耐え得る成果を上げられるような的確な経営判断に資するための財務情報を提供することです。

4. 簿記が対象とする取引とは

　簿記の処理の対象を明確にしておきましょう。まず簿記で考えています「取引」ですが、一般的に使っている言葉とやや異なる点があります。商品を販売した場合は当然に取引と考えますが、人件費を支払った場合に取引と言うでしょうか。また、火災で建物が消失した場合や保有する有価証券が値下がりして評価損を出した場合、これを取引と言うでしょうか。会計上は財産の増減を伴う事実、もちろん貨幣で測定できるものですが、このことを会計上の取引といいます。一方、単に機器等を発注契約した場合ですと、まだ機器等は納品されていませんし、支払債務も発生していません。ですから、会計上の取引にはならないのです。

5. 複式簿記とは

　複式簿記に対する単式簿記ですが、日本では官庁会計で採用されており、財政計算を目的として、主に資金の収支としての記録方法であり、資産、負債及び損益等についての詳細な記録は残りません。俗に「大福帳」と呼ばれるものが該当します。

　一方の複式簿記とは、取引を**原因**と**結果**という二つの側面から把握するもので、これにより財産の計算と損益の計算を同時に行っていくことが可能となります。このように、複数の側面から取引活動の記録を行う事から「**複式簿記**」と呼ばれるのです。

　次に単式簿記と複式簿記の相違点を簡単に見てみましょう。

	単式簿記	複式簿記
目的	現金収支の予算に焦点を当て、現金の出入りを、予算との対比を意識しながら記録する。最終的には年度予算の使用状況を明らかにする。	最終的に a. 会計年度の運営成績 b. 会計年度末の財政状況 c. 利益の配分を明らかにする。
方式	財産の出納、増減を記録する。	収益・費用の発生、資産・負債・資本の増減を同時に記録する。
項目の関連	貸借の概念はなく、特定の項目につき出入りを記録する。	ある項目の増減が、必ず他の項目の増減を伴う（貸借の概念がある）。
代表的な帳簿	歳入簿 歳出簿 現金出納簿 予算差引簿	仕訳帳 総勘定元帳 得意先元帳（補助簿） 仕入先元帳（補助簿） 残高試算表

帳簿体系でも出てきました仕訳帳又は会計伝票ですが、この仕訳とは何でしょうか。

6. 仕訳とは

仕訳という作業は、取引を原因と結果という二面性で捉えて、それを元にして記録する方法です。ここに「借方」と「貸方」という言葉が登場しますが、この言葉の意味をあまり考える必要はありません。元々外来語の Debt（借方）と Credit（貸方）から来ていますので（実は筆者が初めて簿記の勉強を始めたときに、この借方・貸方の意味が分からず、混乱したことを憶えています）。Wikipedia によると、「仕訳」とは「複式簿記において、発生した取引を貸借の勘定科目に分類することである。仕訳は仕訳帳に記入する。仕訳においては、資産、損失は借方、負債、資本、利益を貸方に分類し取引の貸借が分類されたとおりであ

れば、その勘定科目を増加し、逆であれば、その勘定科目を減少させるというルールがある。」と解説しています。

仕訳の始まりはその対象となる取引の内容を分解して、5つの要素に区分することになります。5つの要素とは、資産、負債、純資産（従来は資本と言っていました）、収益、費用です。

① 資産とは、「過去の取引又は事象の結果として国立大学法人等が支配する資源であって、それにより教育研究の実施能力又は将来の経済的便益が期待されるものをいう。」(基準第8) としています。つまり国立大学法人等にとって、その活動に役立つ物いわゆる財産をいい、具体的には現金預金を始め土地、建物、構築物、機器備品のような有形資産、借地権、電話加入権、施設利用権のような無形資産で構成されています。学校の教育・研究活動に投下されている財産を示しています。

② 負債とは、「過去の取引又は事象に起因する現在の義務であって、その履行が国立大学法人等に対して、将来、教育研究の実施又は経済的便益の減少を生じさせるものをいう。」(基準第14) としています。つまり、経営に必要な資産を調達するための資金源泉で、将来支払わなければならない義務を会計上認識しているもので、具体的には国立大学法人等に独特の勘定科目である資産見返負債、寄附金債務、運営費交付金債務、授業料債務、その他に銀行等からの借入金、物品等の購入による未払金、教職員の方の給与等から源泉徴収している源泉所得税等の預り金等があります。

③ 純資産とは、「国立大学法人等の業務を確実に実施するために与えられた財産的基礎及びその業務に関連し発生した剰余金から構成されるものであって、資産から負債を控除した額に相当するものをいう。」(基準第18) としており、政府からの出資金、資本剰余金、

利益剰余金、その他有価証券評価差額金で構成されています。

④ 収益とは、「教育研究の実施、財貨の引渡又は生産その他の国立大学法人等の業務に関連し、その資産の増加又は負債の減少（又は両者の組合せ）をもたらす経済的便益の増加であって、国立大学法人等の財産的基礎を増加させる資本取引によってもたらされるものを除くものをいう。」（基準第21）とされています。収益とは、一般企業で言う売上高等を指しますが、国立大学法人等では運営費交付金収益、授業料収益、入学金収益、検定料収益、附属病院収益、受託研究等収益、受託事業等収益、寄附金収益等と、臨時利益である固定資産売却益等で構成されています。

⑤ 費用とは、「教育研究の実施、財貨の引渡又は生産その他の国立大学法人等の業務に関連し、その資産の減少又は負債の増加（又は両者の組合せ）をもたらす経済的便益の減少であって、国立大学法人等の財産的基礎を減少させる資本取引によってもたらされるものを除くものをいう。」（基準第20）としています。一般企業では売上原価や販売費及び一般管理費、営業外費用や特別損失になりますが、国立大学法人等では教育経費、研究経費、診療経費、管理経費、教職員に対する人件費、一般管理費、支払利息、固定資産除却損、減損損失等が該当します。

7. 仕訳の要素の組み合わせ

前記の①～⑤の要素は、それぞれホームポジションが決まっています。先に説明しましたように、仕訳は借方と貸方の組み合わせになりますが、それぞれの要素が借方（左側）なのか、それとも貸方（右側）なのかを判断しなければなりません。ここに複式簿記の基本的なルールがあります。①～⑤のホームポジションは、次のようになっていま

す。

借方：左側	貸方：右側
資　　産 費　　用	負　　債 純　資　産 収　　益

　さて、このホームポジションがどのような意味を持つのかですが、借方にある資産が増えるのであれば、必ず借方に記載することになります。減少する場合には逆に貸方に記載することになるのです。費用についても同じで、費用が発生したらその勘定科目は借方に記載します。一方、負債ですが増加する場合には必ず貸方に記載することになり、減少する場合には借方に記載します。純資産及び収益も負債と同じホームポジションですので、増加の場合には貸方、減少の場合には借方に記載します。

8. 要素の8つの組み合わせ

　7. の要素によって仕訳を起こす（伝票を書く場合に、起票とか、伝票を切るとか、起こすとか言います）場合、その組み合わせが決まります。
　複式簿記による仕訳は上記の組み合わせの何れかに該当します。
　複式簿記の仕訳を起こすときには、その取引を表す勘定科目の組み合わせを考え、その増加・減少そして発生を判断して、借方（左側）と貸方（右側）のペアを組ませることになるのです。

2–3 複式簿記

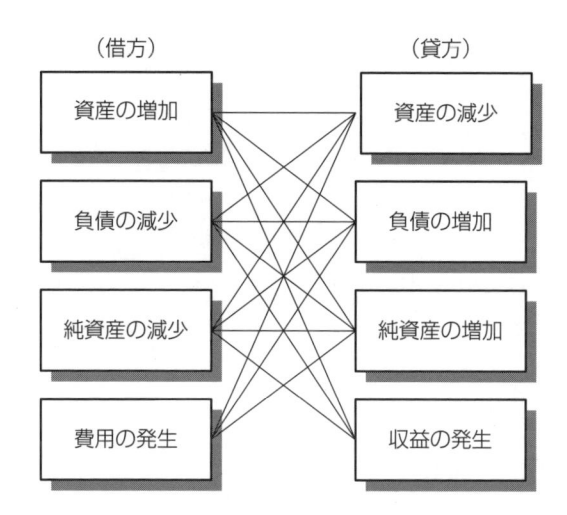

（借方）	（貸方）
資産の増加	資産の減少
負債の減少	負債の増加
純資産の減少	純資産の増加
費用の発生	収益の発生

第3章

認識及び測定

　国立大学法人会計基準は、企業会計に準拠して制定されており、その前文において「「基準及び注解」は、国立大学法人の会計に関する認識、測定、表示及び開示の基準を定めるもの……」としています。取引の認識に係る原則、そして金額的な評価測定に基準のエッセンスが示されています。

3-1 取得原価主義と資産の評価

1. 取得原価主義

　国立大学法人等の資産の評価では、その金額の客観性を維持するために、「貸借対照表に記載する資産の価額は、原則として、当該資産の取得原価を基礎として計上しなければならない。」(基準第25) としており、当該資産の取得に要する価額によって評価することになります。「原則として」と言っているのは、後述のように評価減をしなければならない場合があるためで、「基礎として」と言っているのは、同じく後述の減価償却を考えなければならないからです。

　では、無償で取得した場合はどうでしょうか。「譲与、贈与その他無償で取得した資産については、公正な評価額をもって取得原価とする。」(基準第26) となっており、「公正な評価額」とは「原則として時価を基準とした評価額」(Q&A26-2) としています。

　国立大学法人等では、その設立時に国から出資又は譲与を受けた資産が相当量に上りますが、それらの評価に関しては詳細に実務指針 (Q&A26-3) で説明しています。設立時の評価に関してはこの実務指針を見るといいでしょう。

2. 資産の評価

(1) 固定資産

　固定資産には形のある有形固定資産と形のない無形固定資産があります。有形固定資産では、「その取得原価から減価償却累計額及び減

損損失累計額を控除した価額をもって貸借対照表価額と」することになります（基準第27）。

　無形固定資産も同様に、「当該資産の取得のために支出した金額から減価償却累計額及び減損損失累計額を控除した価額をもって貸借対照表価額と」します（基準第28）。この無形固定資産に属するソフトウェアについては特段の判断をすることになります。既に教育・研究の場にはもちろんのこと、事務処理にもコンピュータが使われており、そこに組み込まれているのがソフトウェアです。このソフトウェアには自ら制作したものと外部から購入したものがありますが、このソフトウェアに資産性を認める条件、つまり資産として貸借対照表に計上するための要件が定められています。そのソフトウェアが「将来の収益獲得又は費用削減が確実であると認められる場合」に、当該ソフトウェアの取得に要した費用に相当する額を無形固定資産に計上しなければならないとしているのです。一般企業でのこの判断はかなり厳しく解釈されており、確実に収益獲得ができる場合とは外部への業務処理等のサービス提供が該当しますし、費用削減効果を期待できる場合となりますと説明が難しくなります。先ずは会計監査人の意見を聞いてみるといいでしょう。購入したソフトウエアはなんでもかんでも資産に計上されるわけではないのです。

(2) リース資産の会計処理

　国立大学法人等でも既に多くの資産をリース契約によって使用しています。このリース契約は次の2種類に分けられます。単純に考えてしまいますと、賃借している物は、自己が所有している物ではないので、貸借対照表に計上すべき資産には該当しないのでは、と考えてしまうでしょう。実はこのリースによって使用している物に関しては、

第❸章　認識及び測定

契約の内容を検討する必要があるのです。

① ファイナンス・リース取引

この取引は、リース期間の中途において契約を解除できないか又は残る契約期間に相当するリース料を違約金として支払う義務を定めている条項があるもので、借り手が当該リース物件からもたらされる経済的な便益を実質的に享受することができ、かつ、当該リース物件の使用に伴って生じるコストを負担することになる取引を言います。

② オペレーティング・リース取引

この取引は、上記①以外のリース取引とされています。

さて、一般的に契約されているリース取引は、形式的には資産の貸借ですが、実質的には資産の取得代金の割賦支払と考えられるものです。リース会社はリース物件を貸しているという認識ではなく、物件の購入代金を分割払いで回収しているという金融機関と考えられるのです。②のオペレーティング・リースの典型的な例はレンタカーです。コピー機やPCのリース契約の多くは、当該物件の耐用年数に等しい期間になっており、リース料総額は当該物件の取得価額に金利と維持費を加算した額になっています。このことはリース会社から資料を取り寄せれば詳細が分かるようになっています。

さて、リース資産の会計処理ですが、②のオペレーティング・リース取引に該当するのでしたら、単に物件の賃貸借取引として処理すればいいのですが、①のファイナンス・リース取引に該当する場合には、物件の売買取引として処理しなければなりません。つまり当該物件を購入したとして、リース契約に定めたリース料総額をもとにして資産価額を求め、未経過期間に係るリース料を未払金に計上するのです。ですから、いずれのリースに該当するのかの判断が重要になります。

(3) たな卸資産

　国立大学法人等は商品や製品の販売を本業としている訳ではないので、貸借対照表にたな卸資産として計上されるものは少ないと言っていいでしょう。たな卸資産として計上している典型的な物は附属病院で在庫している医薬品及び診療材料です。その他には法人化初年度の会計検査院によって、3月末にボイラーの重油タンクに残っている残高の未計上が指摘を受けたくらいです。

　平成15年度に法人化を控えて、附属病院を設置する42大学では、薬品等の実地たな卸のリハーサルが行われました。どこまでを期末の貸借対照表にたな卸資産として計上するべきかの議論があり、各大学で一応の基準を設けました。期末時点で一斉にたな卸しを実施し、3月31日の診察終了時の在庫数量を集計する訳ですから、今迄本格的な実地たな卸をしたことのない病院で、ぶっつけ本番では相当のトラブル発生が予測されたのです。

　「たな卸資産については、原則として購入対価又は製造原価に引取費用等の付随費用を加算し、これに原則として移動平均法を適用して算定した取得原価をもって貸借対照表価額とする。」としています（基準第30）。移動平均法といいますと、たな卸資産の出入りのたびに平均単価を計算することが求められますが、一般的に医薬品等の購入については一定期間単価契約をする例が多く、現実には頻繁に平均単価の計算をする必要はないでしょう。

　また、「時価が取得原価よりも下落した場合には時価をもって貸借対照表価額としなければならない。」としており（基準第30）、いわゆる低価評価を求めています。そして、「評価方法は毎年度継続して適用しなければならず、みだりに変更してはならない。」としています（基準第30）。ここに一般原則の「継続性の原則」がはたらいています。

第❸章　認識及び測定

(4) 有価証券

　有価証券に関しては、「購入対価に手数料等の付随費用を加算し、これに平均原価法等の方法を適用して算定した金額とする。」としています（基準第31）。有価証券を購入する際には証券会社等に依頼して購入することになりますので、手数料がかかることがあります。そのような付随費用は簿価に参入することになります。ここで「平均原価法」等の方法といっていますが、同じ種類の有価証券を購入した際にその平均単価を計算することになります。同じ種類というのは、国債であれば同じ条件の同じ回号のものを言いますので、償還時期等の条件が異なる国債同士では平均単価を計算することはありません。

　この有価証券の評価に関しては、企業会計の考え方をそのまま適用しており、①売買目的有価証券、②満期保有目的の債券、③関係会社株式、④その他の有価証券の４種類に分けてそれぞれを評価することを規定していますが、国立大学法人等では投資対象資産として①の有価証券を資産運用対象として想定していません。また、元利金が保証されているものを想定していますので、上記の４区分はあまり意味をなしません。ただ注意しなければならないのは、②と④の区分の違いを理解しておくことです。国債等の債券は市場金利の変動によって時価の変動があります。もし取得した債券を④の区分の有価証券としますと、年度末の時価の変動による評価差額を決算に反映しなければなりません。そのため時価の変動を反映する必要のない②満期保有目的としている例が多いのですが、この債券を満期を待たずに売却してしまう例がありました。そうしますと、同じ事業年度に取得した満期保有目的の債券全ての目的の変更があったものとして売買目的の有価証券に振り替えることになってしまいます。注解25を参照してください。

> 保有する債券の時価の値上がりによる売却益に目が眩み、債券を売買して他の債券に乗り換えても、その債券の時価も上昇しているために、残る期間の運用利回りが下がってしまいます。証券会社への売買手数料分を損するだけで、美味い話はないということなのです。

(5) 貸付金等

「未収入金、貸付金、割賦元金等の債権の貸借対照表価額は、取得価額から貸倒引当金を控除した金額とする。」としています（基準第32）。国立大学法人等での貸倒引当金の計上対象となる債権は、未収学生納付金収入と未収附属病院収入でしょう。でも多くの大学では、年度末までに授業料が未納だと当該学生を除籍処分とする例が多いため、年度末に未収学生納付金収入が計上されることは少ないと思います（実は筆者が監査人を務めた国立大学法人では、例え期末までに授業料が未納であっても、学生に就学の意思がある場合には何らかの救済措置を講じるべきではないかと主張してきました）。

国立大学法人等では、商品等の販売をしているわけではないので、売掛債権等も発生しません。ただ、ごく稀に受託研究等の収入が未収となって期末を迎えた例もあります。

一方、附属病院を設置している国立大学法人では、期末に相当額の未収附属病院収入が計上されます。この未収額には保険診療報酬2ヶ月分と患者の個人負担分の未収額が計上されています。

このような債権に対しては、その回収可能性を勘案して貸倒引当金を算出して、当該債権より控除して表示することになります。

第❸章　認識及び測定

3-2　外貨建取引の会計処理

　国立大学法人等での外貨建取引はそれほど多くはありません。実務指針を検討していた際には相当量の外貨建て取引があるものと考えたのですが、外国通貨による図書や機器備品の購入等での為替リスクは大手図書販売店や商社が負担している例が多く、ここで言う外貨建取引はさほど多くはありませんでした。

　外貨建取引に関する会計基準では二取引基準を採用しています。つまり取引発生時と決済時又は期末時の2度に亘って為替換算する方法です。外国為替では日々為替レートが変動していますので、取引日と決済日ではレートが異なるのが常です。

　まず取引発生時には、「外貨建取引は、原則として、当該取引発生時の為替相場による円換算額をもって記録する。」としています（基準第34）。つまり外貨建取引によって資産又は負債が発生した時には、その時点での為替レートで邦貨に換算して会計処理をします。そして為替決済時には外貨で授受されますので、その時点でのレートによって邦貨による金額が確定します。その際に発生する差額は、為替差損益として損益計算書に計上されることになります。また、決算期末に外貨建資産又は負債がある時には、期末時点の為替レートで評価しなければなりませんので、その時にも差額が出てきます。これも上記の為替差損益として処理することになります。

［設例］
1月20日　研究用機器 $100,000 を購入
3月10日　上記代金のうち $50,000 を支払う。

3月31日　代金＄50,000は次年度支払いとした。

なお、各日のドル：円の為替レートは、

1/20　＠101.50円　　3/10　＠102.30円　　3/31　＠100.80円

でした。

各取引日の会計処理

1/20（借方）機器備品　10,150,000　（貸方）未 払 金　10,150,000
3/10（借方）未 払 金　　5,075,000　（貸方）現金預金　 5,115,000
　　　（借方）為替差損　　　40,000
3/31（借方）未 払 金　　　 35,000　（貸方）為替差益　　　35,000

　上記の取引では、1月20日の機器備品購入時の為替レートによって、機器備品の取得価額と未払金が＠101.50×100,000＝10,150,000円となります。3月10日の購入代金のうちの50,000ドルを支払ったので、その時に外貨ドルを購入しなければなりませんので、＠102.30×50,000＝5,115,000円を支払うことになります。ただし、帳簿上の未払金50,000ドルは5,075,000円ですので、40,000円多く支払うことになりました。これが為替（決済）差損です。そして、3月31日の期末を迎え、未払金の残高50,000ドルの期末評価をすることになります。3月31日の為替レートは＠100.80円ですので、未払金は＠100.80×50,000＝5,040,000円となります。帳簿上の未払金は5,075,000円ですので、35,000円安くなったことになります。そこで、この差額が為替（換算）差益になります。

　このように、もとの外貨建取引とその後の決済又は換算を別にとらえて処理することになるのです。もし、一取引基準で処理しますと、もとの取引が決済されるまで金額が確定しないことになり、多くの外貨建て取引を行う実務には耐えられなくなってしまいますので、この

ように二取引基準を採用しているのです。

　国立大学法人等の中には、海外に研究員を長期に亘り派遣している場合や研究事務所を設ける例があります。研究員に係る外貨送金やその決済は国内における取引と同様と考え、研究所も「在外事務所における外貨建取引については、原則として、主たる事務所と同様に処理する。」(基準第34) としており、原則的には日本国内の本部と同様の処理をすることになります。

　基準では有価証券等の換算に関して規定していますが、現状では外貨建ての有価証券を取得することは考え難いと思います。

3-3 引当金の計上方法

1. 引当金とは

　企業会計で一定の条件のもとに計上が求められている勘定科目です。その条件とは、
① 　将来の支出の増加又は収入の減少であって、
② 　その発生が当期以前の事象に起因し、
③ 　発生の可能性が高く、
④ 　その金額を合理的に見積もることができる
場合に引当金を計上しなければならないとしているのです。

　ただ、偶発的に起こるような事象にまで可能性があるという理由で引当金の計上を求めているのではありません。上記のような条件を満たしている場合に限定されるのです。

　では、代表的な引当金について考えてみましょう。

2. 退職給付引当金

　国立大学法人等の教職員の退職金の支払のために引当金を計上するものです。
「1　退職給付引当金は、退職給付債務に未認識過去勤務債務及び未認識数理計算上の差異を加減した額から年金資産の額を控除した額を計上しなければならない。
　2　退職給付債務は、国立大学法人等の役員及び教職員の退職時に見込まれる退職給付の総額のうち、期末までに発生していると認

第❸章　認識及び測定

められる額を一定の割引率及び予想される退職時から現在までの期間に基づき割り引いて計算する。」(基準第35)

　この表現は企業会計そのものですが、多くの教職員の方（定員内という表現を使いますが）に対する退職金は、運営費交付金で財源措置されていますので、上記に定めるような退職給付債務を認識して、多額に上る引当金を貸借対照表に計上することは想定されていません。本来でしたら、法人化時点で、国の時代から在籍している教職員の方に支給すべき退職金に関しては、その財源共々発足した国立大学法人等に引き継がれるべきものでしたが、法人化後も国が財源措置することになったのです。参考にまで、平成24年度の東京大学の貸借対照表の注記に、「運営費交付金から充当されるべき退職給付の見積額は47,676百万円」と記載されていますので、全国の国立大学法人等に在籍している教職員の方の本来引当すべき金額は莫大な額に上るものと思われます。

　では、どのような場合にこの退職給付引当金の計上が求められるのでしょうか。運営費交付金によって財源措置されない退職金の支給が予定されている場合になります。代表的な例としては、定員外の研究助手、附属病院の看護師が該当します。ある法人の重要な会計方針では、「特定有期雇用教職員及び一部の医療職員の退職給付に備えるために退職給付引当金を計上しています。」と記載しています。

　基準には、退職給付債務の金額を計算するための手続に専門的な用語が並んでいますが、一般企業ではその道の専門家である信託銀行又は生命保険会社に国立大学法人等で定めている退職金規定を示して、計算を依頼しています。

　しかし、一般的には運営費交付金で財源措置されない定員外の教職員の人数はそれほど多くはありません。そこで重要性の原則が働き、

引当金の対象となる「教職員の数が300人未満の国立大学法人等については、退職給付債務のうち、退職一時金に係る債務については、期末要支給額によることができる。」(基準第35)としています。前述の法人でも「当事業年度末のおける自己都合要支給額を計上しております。」としています。この期末要支給額とは、年度末に対象となっている教職員全員が自己都合で退職した場合に支給すべき退職金額のことですので、年金数理計算、生命表、期待収益率そして割引率等の数値を駆使して算出する退職給付額の計算に比べて極めて簡易に算出できます。多くの例ではこの引当金の対象となっている教職員の人数はこの300人の枠に入る程度で、しかも短期の雇用契約の場合が多く、退職時に年金を支給することもないようですので、期末要支給額の合計額を年度末に計上することになります。

基準及び注解で詳細に説明していますが、あまり気にすることはありません。

3. 貸倒引当金及び徴収不能引当金

貸倒引当金に関しては、「未収入金、貸付金、割賦元金等の債権の貸借対照表価額は、取得価額から貸倒引当金を控除した金額……」(基準第32)としており、ここに登場しています。保有する債権の回収可能性を勘案して計上するのであり、新聞紙上で報道されているように銀行等の金融機関では貸付債権が回収不能となる可能性に対して貸倒引当金を計上しているのです。余談ですが、バブル崩壊時には貸出金の貸倒が相次ぎ、この貸倒引当金を多額に計上せざるを得なくなりました。その結果、足利銀行をはじめ多くの金融機関が実質的に破綻しました。

国立大学法人等の場合に、未収債権が多額に計上されるのは病院を

設置している法人です。保険診療の場合、通常は7割が健康保険の負担で3割が患者負担になります。全ての患者が年度末に診療代金を払ってくれれば未収債権は発生しないのですが、入院患者を含め相当額の未収債権が残ります。この診療代全て円滑に入金されればいいのですが、患者の中には痛さを忘れると同時に診療代を払わない不届き者がいます。この未収債権に対して徴収不能引当金を計上するのです。この引当金の計上に関しては、「債権全体又は同種・同類の債権ごとに、債権の状況に応じて求めた過去の貸倒実績率等合理的な基準により算定する。」(基準第32)としています。その方法ですが、企業会計で規定している『金融商品会計基準』によることが考えられ、また多くの法人で採用しています。この方法によると、債権を3分類し、

① 一般債権：経営状態に重大な問題が生じていない債務者に対する債権
② 貸倒懸念債権：経営破綻状態には至っていないが、債権の弁済に重大な問題が生じているか又は可能性の高い債務者に対する債権
③ 破産更生債権：経営破綻又は実質的に経営破綻に至っている債務者に対する債権

各債権ごとに貸倒実績率を算定して引当金を計上するのです。とは言いましても、上記の債権に対する3分類をどのように考えたらいいのか迷います。

法人化前にも附属病院の未収債権は存在し、その中には回収不能として「みなし償却」をしてきた実務慣行がありましたので、それを参考にするのも合理的な判断かと思います。では債権をどのように区分するかですが、診療受診後半年くらいまでは忘れずに払いに来るのですが、それ以降の回収率は相当に下落し、3年程度が経過するとほぼ回収不能になってしまうのが多くの例ではないでしょうか。このよう

に考えますと、期間の経過に伴って債権が劣化していく傾向がありますので、債権発生時からの経過期間の長短によって分類する方法に合理性があるでしょう。ただし、督促しても債務者が破産又は行方不明となってしまいますと、当該債権の資産性が失われますので、期間の経過を待たずに貸倒となってしまいます。

保険診療による支払基金に対する債権に関しては、貸倒のリスクはないとして引当金の計上対象とはしません。現実には診療内容に対する査定が行われて、請求金額を減額されることがありますが、この減額査定に対する処理は当初より当該診療が行われなかったとして、減額された金額を附属病院収益から控除することになります。

貸倒引当金又は徴収不能引当金の計上対象となる債権で未収附属病院収入以外の債権は、通常あまりありません。貸借対照表の様式には受取手形が示されていますが、今まで見たことがありません。未収学

生納付金収入ですが、法人化前ですと年度末までに授業料未納だった場合、当該学生の学籍が消滅し、債権そのものが発生しませんでしたので、引当金の対象にはなりません。しかし、法人化後の対応として、授業料未納であっても即除籍とはせず、本人の就学の意思を尊重する手当をしている法人もありますので、その際の未収学生納付金収入に対しては貸倒引当金又は徴収不能引当金を必要に応じて計上することになります。

4. 債務保証損失引当金

この債務保証というのは、国立大学法人等が他の者の借入金等の債務の保証を行っている場合のことです。通常国立大学法人等が民間企業の債務を保証することは考え難いのですが、

「1　国立大学法人等が民間企業等の債務の保証を行っている場合は、債務保証の履行によって損失が生じると見込まれる額を保証債務引当金として計上しなければならない。

2　保証債務損失引当金の額は、主たる債務者の財政状態、担保価値の評価、プロジェクトの損益の見込、他の保証人の負担能力等を総合的に判断して見積もらなければならない。

3　決算日における債務保証の総額は、注記しなければならない。また、保証債務の明細、増減及び保証料収益との関係並びに保証債務損失引当金の増減を附属明細書において明らかにしなければならない。」（基準第33）

このように引当金の計上について定めています。国立大学法人等が共同研究や共同事業を行う場合又は他の事業者の資金調達のために債務保証をすることが考えられます。特にベンチャー企業設立に参画し、出資と合わせて債務保証することがあり得ます。そのような場合にこ

の債務保証損失引当金の計上を検討しなければなりません。ただ、1.で記載しました引当金の計上条件を満たしている場合に限ります。

　また、国立大学財務・経営センターからの借入金が計上されている附属病院設置法人では、同センターの政府の財投資金からの借入債務の債務保証をしていますので、その額が貸借対照表に注記され、附属明細書にも当該年度の増減額が記載されることになります。当然ですが、同センターが破綻して債務保証を実行する可能性はありませんので、債務保証損失引当金を計上する必要はありません。

5. 賞与引当金

　賞与引当金でも退職給付引当金と同様の扱いとなります。
「1　賞与のうち、運営費交付金に基づく収益以外によってその支払財源が手当されることが予定されている部分については、「第17 引当金」により賞与引当金を計上する。
　2　賞与に充てるべき財源措置が翌期以降の運営費交付金により行われることが、中期計画等で明らかにされている場合には、賞与引当金を計上しない。なお、この場合において、当期の運営費交付金により財源措置が手当されない引当外賞与見積額を貸借対照表の注記において表示するとともに、引当外賞与増加見積額を国立大学法人等業務実施コスト計算書に表示する。」(基準第85)

　退職給付と同様に、毎年交付される運営費交付金によって賞与支払資金が手当てされているため、賞与引当金を計上することはありません。

　ある法人の重要な会計方針では、
「(1)　特定有期雇用職員及び一部の医療職員に対して支給する賞与の支出に充てるため、将来の支給見込額のうち当事業年度の負担額

を計上しております。
(2) 特定有期雇用職員及び一部の医療職員以外の教職員の賞与については、運営費交付金により財源措置がなされているため、賞与引当金は計上しておりません。」
と記載しています。

賞与引当金の計上対象となる職員がいる場合には、事業年度末である3月末までに既に支給対象期間が経過している分に対して債務を認識することになるのです。その引当率は過去の実績による場合又は人事院勧告の支給率を参考にして算出しています。

3-4 資産除去債務に係る会計処理

1. 資産除去債務とは

「1　資産除去債務とは、有形固定資産の取得、建設、開発又は通常の使用によって生じ、当該有形固定資産の除去に関して法令又は契約で要求される法律上の義務及びそれに準ずるものをいう。この場合の法律上の義務及びそれに準ずるものには、有形固定資産を除去する義務のほか、有形固定資産の除去そのものは義務でなくとも、有形固定資産を除去する際に当該有形固定資産に使用されている有害物質等を法律等の要求による特別の方法で除去するという義務も含まれる。

2　有形固定資産の除去とは、有形固定資産を用役提供から除外することをいう（一時的に除外する場合を除く。）。除去の具体的な態様としては、売却、廃棄、リサイクルその他の方法による処分等が含まれるが、転用や用途変更は含まれない。」(注解31)

つまり、法令の規定又は契約によって法律上の義務が生じる場合の、固定資産を物理的に除去する費用を債務と認識するものです。

2. 資産除去債務の会計処理

資産除去債務は、有形固定資産の除去に要する費用を見積もって債務を認識するものであり、会計上の負債に計上することになります。具体的には、当該資産の将来の除去費用を専門業者等から見積りを採り、その金額を割引率を使って現在価値に引き直して、除去債務額を

算定します。そして、その除去費用額を資産除去債務として負債に計上すると共に、同額を対応する有形固定資産の帳簿価額に加算し、資産計上した資産除去債務に対応する除去費用は、当該資産の残存耐用年数に亘って減価償却を通じて各期に費用配分することになります。

　この除去費用等の会計処理ですが、「国立大学法人等が保有する有形固定資産に係る資産除去債務に対応する除去費用等のうち、当該費用に対応すべき収益の獲得が予定されていないものとして特定された除去費用等については、損益計算上の費用には計上せず、資本剰余金を減額するものとする。」（基準第89）としています。この「特定された除去費用等」ですが、この特定に関しては、「文部科学大臣においては、当該除去費用等の関連する償却資産の状況、当該除去費用等の金額、除去債務が建物等の賃借契約に係る場合にあっては敷金計上の有無等を勘案し、当該除去費用等の発生期間において当該費用に対応すべき収益を獲得することが可能かどうかについて判断の上、特定することになると考えられる。」（Q＆A89-1）と言うように、文部科学大臣が特定するとしています。

　ここで問題なのは、有形固定資産の耐用年数経過後に要する除去費用ですが、合理的に算出するのは難しいというのが現実です。そこで、必要に応じて見直すことになります。「資産除去債務の発生時に、当該債務の金額を合理的に見積もることができない場合には、これを計上せず、当該債務額を合理的に見積もることができるようになった時点で負債として計上するものとする。」（基準第36）とされており、除去しなければならない事実はあっても除去費用を合理的に見積もることができなければ、必ずしも除去費用を確定させて、確定債務の計上を求めている訳ではないのです。このように資産除去債務には難しい問題があります。（読者の皆さんは既にお気付きだと思いますが、資産除去

債務が対象にしている最大の課題は、原子力発電所です。核廃棄物の処理方法もなく、原子炉の廃炉に要する費用の見積りは現在の科学では対応できませんので、困難な場合の典型的な例となります。）

3. 資産除去債務を認識する場合とは

どのような場合に資産除去債務を認識するのでしょうか。具体的な例としては、アスベスト、PCB（ポリ塩化ビフェニール）、ダイオキシンの除去、土壌汚染や水質汚染の除染等は法令で定められている義務です。また、不動産の賃貸借契約によって使用している建物等の返還時に、契約に定めている原状復帰費用も除去債務に該当します。その他にも、近隣住民との合意に基づく除去、安全上の必要から除去すべき老朽施設、例えば古い煙突等も法律上の義務に準ずるものと考えることができます。

筆者はアスベスト関係の会社を監査していたことがあり、除去に要する費用は施設されている構造物の大きさによって巨額に上ることを聞きました。旧建築基準法の耐火認定を受けるためにはアスベスト（石綿）は必須でしたので、古い建物には必ず使われています。古い会館や体育館などの除去費用は無視できない程に多額になります。国立大学法人等ではPCBのように国が除去費用の財源措置をする場合ですと、除去債務を認識する必要はありません。

4. 資産除去債務に係る注記

資産除去債務という会計処理は国際会計基準の導入に先行して規定された会計基準ですので、企業会計でもまだ馴染みの薄い会計処理になります。そのため、資産除去債務に関する注記を求めています。
「(1) 資産除去債務の内容についての簡潔な説明

(2) 支出発生までの見込期間、適用した割引率等の前提条件
(3) 資産除去債務の総額の期中における増減内容
(4) 資産除去債務の見積りを変更したときは、その変更の概要及び影響額
(5) 資産除去債務は発生しているが、その債務を合理的に見積もることができないため、貸借対照表に資産除去債務を計上していない場合には、当該資産除去債務の概要、合理的に見積もることができない旨及びその理由」(注解33)

上記の(5)に該当する事例はなかなか把握しづらいものと思います。戦前から長い期間使用してきた研究施設の敷地の土壌汚染等々難しい問題があります。

3-5 費用配分の法則

　費用配分の法則とは、資産に計上されている取得価額を、その資産の種類に応じた方法によって当期の費用と翌期以降の費用とに分けることです。この配分方法には二つあり、たな卸資産のように消費した量を基準に配分するものと、時間の経過等を基準に減価償却によって配分するものがあります。国立大学法人等でたな卸資産に計上される主なものは附属病院の医薬品・診療材料ですが、その他にもボイラー用の重油があり、その使用量によって費用計上することになります。一方、減価償却によって費用を配分する固定資産では、有形固定資産及び無形固定資産のいずれについても定額法によって減価償却を通じて費用認識をします。

　なお、有形固定資産であっても、減価償却をしない資産があります。図書は5-2で説明していますが、教育・研究のための重要な資産であ

第3章　認識及び測定

るとして固定資産に計上しています。その費用の把握ですが、減価償却の方法は採らず、その掲載内容が時代の経過に伴って陳腐化したときや、使用に耐えない程に毀損して除去する際にその取得価額を費用計上します。また、美術品・収蔵品も同様に減価償却しません。一定額の美術品は、時間の経過によって減価せず、むしろ価値が上がるもの（何でも鑑定団ではありませんが）もあり、減価の認識はないのです。

3-6 発生主義の原則

「1　国立大学法人等に発生したすべての費用及び収益は、その支出及収入に基づいて計上し、その発生した期間に正しく割り当てられるように処理しなければならない。

2　なお、未実現収益は、原則として、当期の損益計算に計上してはならない。」(基準第38)

このように発生主義を説明していますが、この発生主義は現金主義と対比して考えるべきでしょう。法人化前では国の会計法に従って現金主義によって処理をしていました。この会計処理は現金の収入や支出を根拠として、費用及び収益を認識するものです。発生主義との違いが明らかに発現した一例を示しますと、平成16年度の新入生の入学金と授業料は平成15年度の国の歳入になってしまいました。しかし、16年度の新入生に対する授業は15年度に提供されていませんので、発生主義の考え方からすれば前受金であり、16年度の法人化後の国立大学法人等に引き継がれるべきものでした。しかし、15年度は現金主義を採用していたため、国の歳入に計上されてしまい、法人化初年度の国立大学法人等には新入生の入学金と前期授業料は収入欠陥となってしまいました。これは国の現金主義による歳入計上が行われたためです。

一方発生主義では、現金の収支とは関係なく、収益や費用の事実が発生した時点で認識して、計上しなければなりません。発生主義を採用している私立の学校法人では、前年度中に入学手続をした新入生から徴収した入学金及び授業料は前受金として貸借対照表の負債に計上

し、新入生の入学年度に前受金から入学金、授業料の各収入に振り替える処理を従来よりしています。また、発生主義によって収益を計上しても未収のままだと、実際に入金されるか否かの回収可能性を問うのかもしれませんが、それについては引当金で対応すればいいのです。

発生主義会計は、複式簿記と共に全世界共通の会計処理上のルールになっています（一部の例外を除いて）。

第4章

国立大学法人等固有の会計処理

　国立大学法人等は、「その行う事務及び事業が国民生活及び社会経済の安定等の公共上の見地から確実に実施されることが必要なものであることにかんがみ、適正かつ効率的にその業務を運営するよう努めなければならない。」（国立大学法人法）とされており、一般企業のように営利を目的に営まれている組織ではありませんので、企業会計とは異なる会計処理が定められています。

4-1 なぜ固有の会計処理が求められるのか

　国立大学法人等の会計基準は先行した独立行政法人の例に従って策定されたものです。この独立行政法人に関しては、「独立行政法人の会計は原則として企業会計原則によるものとする」(独立行政法人通則法第37条) と規定されていますが、独立行政法人は、制度の前提や財政構造等が営利企業とは異なるため、企業会計原則を独立行政法人にそのままの形で適用すると、伝えるべき会計情報が伝達されず、あるいは歪められた形で提供されかねないことから、企業会計に一定の修正を加えています。

　その主な論点は、

① 公共的な性格を有しており、利益の獲得を目的とせず、独立採算制を前提とはしないこと。
② 国の政策の実施主体として、国との間に密接不可分な関係があり、法人独自の判断では意思決定が完結し得ない場合があること。
③ 損益計算上の利益の獲得を目的とする出資者を制度上予定していないこと。
④ 法人の動機付けの要請と財政上の観点の調整を図ること。

　そして、この独立行政法人と同じ中央省庁等改革基本法を根拠にして成立した国立大学法人等にも、上記の趣旨が反映されているのです。そのため、国立大学法人会計基準は独立行政法人会計基準を準用して、それに教育研究機関としての特色を捉え、次の点を念頭に置いて考慮したものになっています。

ⅰ) 主たる業務内容が教育・研究であること。

ⅱ） 学生納付金や附属病院収入等の固有かつ多額な収入を有すること。
ⅲ） 全国に同種の法人が多数設立されていることから、一定の統一的取扱いが必要とされること。

以上の点を踏まえて国立大学法人会計基準が策定されたのです。

これから説明する事項は、日常的な財務・会計業務で必須な知識ではありませんが、最終的に国立大学法人等の財務諸表がどのように作られるのかを知っておくのは、事務を担当する方には自ら担当している業務の位置付けが分かり、より財務・会計業務に働き甲斐を得られるものと思います（こんな書き方で説明しますと、読む気にはなりませんが、国立大学法人特有の会計処理ですので、知っておいて損はないと思います）。

この国立大学法人等の固有の会計処理では、一部の例外を除き、損益が零となるように工夫されています。各項目を追ってみてみますと「**なるほど！**」と思う場面が出てきます。

4-2 運営費交付金等の会計処理

1. 運営費交付金等の受入れ時の処理

　この「等」には学生から徴収する授業料が含まれていますので、「等」を付けています。国から年4回に亘って受け入れている運営費交付金と学生から徴収している授業料は、その受入れ時には債務に計上します。つまり、受け入れた対価である教育や研究を未だ提供していないため、提供する義務を会計上債務として認識しているのです。

　では、入学金や検定料はどうかと言いますと、これは受入れ時に収益として計上しています。入学検定料は翌年の新入生の選抜ではありますが、既に試験という役務を提供していますので、入学年度の前の3月までの収益に計上されます。しかし3月までに入学手続によって徴収した入学金は、4月以降の教育を提供する対価ではないのかという議論がありました。実は私立の学校法人では、3月末までに収受した入学金は前受金に計上し、4月以降の年度の収入に振替計上しています。この件に関して実務指針を検討した際の解釈としては、入学事務手続の対価として徴収しているということでした（それにしてはちょっと高いように思いますが……）。

2. 収益への振替

　さて、収受した運営費交付金と授業料ですが、一旦「運営費交付金債務」、「授業料債務」として計上しておいて、教育・研究サービスの提供に伴って収益に振り替えることになります。つまり債務として認

識している義務を果たしたことで、収益に計上するのです。この収益に計上する基準ですが、「原則として業務の進行が期間の進行に対応するものとして収益化を行うものとする。」（基準第78）としています。これを期間進行基準といいます。運営費交付金と授業料の対価である教育・研究は通常1年経過し、研究が実施され且つ授業によって学生に単位認定することで義務を果たしたことになるのです。その結果として収益が計上されるとしているのです。

ただ、運営費交付金が特定の支出の財源として交付されている場合には、その特定支出に合わせて収益化することになります。具体的には教職員に対する退職金財源です。国立大学法人等の教員及び職員の方は国時代から引き続き勤務されているため、その退職金の財源は国が手当しています。毎年退職金の支給財源としての概算額を運営費交付金に合算して交付していますので、この退職金財源である運営費交付金債務の収益化は、実際に退職金が支払われた際に債務が消滅して収益が計上されることになります。ここでは費用進行基準による収益計上が行われるのです。

3. 負債から振替をする他の基準

運営費交付金等で固定資産を取得した場合ですが、その資産の性格と中期計画との関係によってその会計処理が異なることになります。

「(1) 取得固定資産が運営費交付金又は当該年度に係る授業料により支出されたと合理的に特定できる場合においては、
　ア　当該固定資産が非償却資産であって、その取得が中期計画の想定の範囲内であるときに限り、その金額を運営費交付金債務又は授業料債務から資本剰余金に振り替える。
　イ　当該資産が非償却資産ではあってアに該当しないとき又は当該

資産が償却資産若しくは重要性が認められるたな卸資産であるときは、その金額を運営費交付金債務又は授業料債務から別の負債項目である資産見返運営費交付金等に振り替える。資産見返運営費交付金等は、償却資産の場合は毎事業年度、減価償却相当額を、たな卸資産の場合は消費した際に、それぞれ取り崩して、資産見返運営費交付金等戻入として収益に振り替える。

(2) 取得固定資産等が運営費交付金又は当該年度に係る授業料により支出されたと合理的に特定できない場合においては、相当とする金額を運営費交付金債務又は授業料債務から収益に振り替える。」（基準第78）

　運営費交付金等によって中期計画の想定の範囲内で非償却資産を取得した場合には、当該取得が国立大学法人等の財産的基礎を構成するとして、資本剰余金に振り替えることになります。これは企業会計では想定していない会計処理です。

　運営費交付金を財源として固定資産を取得する際に、その取得が複数年度にまたがる場合の処理が話題になったことがあります。基準では、「中期計画及びこれを具体化する年度計画等において、一定の業務等との対応関係を明らかにされている場合には、当該業務等の達成度に応じて、財源として予定されていた運営費交付金債務の収益化を進行させることができる。」（注解55）としており、一定のプロジェクトとしての位置付けが学内において決定されていれば、業務達成基準によって収益化できると解されました。最近では、海外からの調達等で研究用の機器備品等を取得するのに時間を要する場合にも、その調達そのものも一定のプロジェクトに含まれるものとして、次頁で説明します業務達成基準を適用する例が増えています。この場合、当該固定資産の取得財源である運営費交付金債務は次年度以降に繰り越すこ

とになります。

　本来運営費交付金等を全て期間進行基準で計上することを是と考えていたわけではなく、高度な研究を行う国立大学法人等では複数年に亘る研究があって然るべきと考えて、当該研究に配分した財源の収益化に研究の達成度を尺度にすることが検討されました。そこで期間進行基準に対する成果進行基準、それが現在の業務達成基準に引き継がれてきています。建設業等で採用されています工事進行基準が叩き台になりました。この基準は複数年に亘る大規模工事における収益計上に適用されているもので、一般的な基準は制作物の引渡しによって収益を計上するのですが、この基準ですと完成に複数年を要する大規模工事ですと、完成引渡しまで収益の計上ができず、販売費や一般管理費そして財務費用等が嵩み赤字になってしまい、工事をしているという経営努力が業績に反映しないことになってしまいます。そこで受注した工事の進捗割合によって収益を認識する工事進行基準が考え出されたのです。この工事進行基準を参考にして現在の業務達成基準が、収益計上基準の一つになっているのです。

4. 会計方針の注記

　「運営費交付金の収益化に関する会計方針については、適切な開示を行われなければならない。」（注解55）としており、運営費交付金は国立大学法人等の最大の収益財源ですので、重要な会計方針に収益の計上基準を注記を求めており、次に開示例を示します。

> **運営費交付金収益及び授業料収益の計上基準**
> 原則として期間進行基準を採用しています。
> なお、「特別経費」「特殊要因経費」及び補正予算により措置さ

れた運営費交付金に充当される運営費交付金の一部については、文部科学省の指示に従い業務達成基準あるいは費用進行基準を採用し、プロジェクト研究等の一部については業務達成基準を採用しています。

5. 中期目標期間との関係

運営費交付金債務及び授業料債務は前述の基準に従って収益、資産見返勘定乃至は資本剰余金に振り替えることになりますが、業務達成基準又は費用進行基準の適用によって翌事業年度に繰り越すこともできます。しかし、6年間の中期目標の期間を超えて繰り越すことはできず、6年目の最終年度にはその残額全てを取り崩して収益に振り替えなければなりません。

「運営費交付金債務は、次の中期目標の期間に繰り越すことはできず、中期目標の期間の最後の事業年度の期末処理において、これを全額収益に振り替えなければならない。」(基準第78) としています。

4-3 施設費の会計処理

1．施設費の受け入れ時の処理

　国立大学法人等は、その教育・研究に必要な施設を取得するための資金を国又は独立行政法人国立大学財務・経営センターから交付されることになっています。当然国立大学法人等から予算要求をして獲得することになるのです。その受け取った施設費は、使途が特定されている財源として流動負債勘定である預り施設費として拠出者毎に区分して表示します。（私立の学校法人では、学校の校舎等の施設を取得するための財源は自らで用意しなければならず、そのために、授業料以外に施設整備費等を学生から徴収しています。国や地方自治体から財源措置されることはありません。）

2．目的資産の取得時の会計処理

　「施設費によって固定資産を取得した場合は、当該資産が非償却資産であるとき又は当該資産の減価償却について「第84　特定の償却資産の減価に係る会計処理」（後述の4-6）に定める処理が行われることとされたときは、当該固定資産の取得費に相当する額を、預り施設費から資本剰余金に振り替えなければならない。」（基準第79）となります。つまり国家予算によって財産的基礎を築くことを示しているのです。（私立の学校法人で施設等を取得し、その資産が学校にとって欠くべからざる資産であるときには、国立大学法人等と同様に資本勘定に相当する資本金勘定に振り替える処理をします。）

第❹章　国立大学法人等固有の会計処理

　建物や大型施設を取得するような場合には、工事に相当期間を要することがあります。このような時には、その取得代金を分割して支払うことがあり、工事を請負う建設会社との間で工事代金の分割払い契約をします。その契約に基づいてその施工期間に亘って工事代金を、着手金、中間金、竣工金などと分割して支払うことになります。このように取得代金の分割払いをした際の会計処理ですが、次のように仕訳をします。

〔着手金及び中間金合計200支払い時〕
(借方) 建設仮勘定　　　　　200　　(貸方) 現金及び預金　　　200
　　　 預り施設費　　　　　200　　　　　 建設仮勘定見返施設費　200

〔工事完成引渡しによる竣工金300支払と建物の引渡時〕
(借方) 建　　物　　　　　　500　　(貸方) 現金及び預金　　　300
　　　　　　　　　　　　　　　　　　　　 建設仮勘定　　　　200
　　　 預り施設費　　　　　300　　　　　 資本剰余金　　　　500
　　　 建設仮勘定見返施設費　200

　この建設仮勘定とは、建設途上で未完成の建物等で、完成した時点で本来の資産勘定に振り替えることになります。

4-4 補助金等の会計処理

1．補助金等の会計処理

　国立大学法人等は国又は地方公共団体から補助金等を受けることがあります。補助の内容、目的を明らかにして交付申請をして受け取ることになりますので、その目的を達成するまでは負債として認識することになり、流動負債の預り補助金等に計上します。そしてその補助の対象になった目的を達することで収益に振り替えることになります。交付目的に沿った費用支出と預り補助金等の収益振替額がバランスすることになりますので、損益はゼロになります。

　「既に実施された業務の財源を補てんするために精算交付された場合においては、補助金等の交付を受けた時に収益計上するものとする。」（注解57）としています。（私立の学校法人にも交付申請に基づいて、国又は地方公共団体から人件費及び教育研究経費等の経常費補助の目的で補助金が交付されており、資産取得を目的にしている補助金ではありません。）

2．補助金等で固定資産を取得した時の会計処理

　補助金等を財源として固定資産を取得した際には、その資産の性格によって次の処理をすることになります。
① 　非償却資産を取得した場合には、当該取得額に相当する金額を資本剰余金に振り替えます。
② 　償却資産を取得した場合には、当該取得額に相当する金額を預り補助金等から資産見返補助金等に振り替えます。

非償却資産では毎年度の償却費はありませんが、償却資産の場合には毎年度減価償却費が計上されます。これに対しては負債に計上しています資産見返補助金等を同額取り崩して、資産見返補助金等戻入として収益に振り替えますので、結果的に損益はゼロになります。

　目的資産の取得に長期を要する場合の処理は施設費の処理に準じて建設仮勘定見返補助金等とすることになります。

4-5 寄附金の会計処理

1. 寄附金の受入れ時の会計処理

　寄附金は反対給付を期待して金品を譲与するものではないため、受け取った側でその寄附者の意思に従ってその目的を果たすことになります。特に公共性の高い教育、研究及び診療に対して寄附が寄せられるのは国立大学法人等に限られたことではなく、私立の学校法人においても多くの篤志家の方や卒業生から多額の寄附を受けている例があります。

「1　国立大学法人等が受領した寄附金については、次により処理するものとする。

(1)　中期計画等において、国立大学法人等の財産的基礎に充てる目的で民間からの出えんを募ることを明らかにしている場合であって、当該計画に従って出えんを募った場合には、民間出えん金の科目により資本剰余金として計上する。

(2)　寄附者がその使途を特定した場合又は寄附者が使途を特定しなくとも国立大学法人等が使用に先立ってあらかじめ計画的に使途を特定した場合において、寄附金を受領した時点では寄附金債務として負債に計上し、当該使途に充てるために費用が発生した時点で当該費用に相当する額を寄附金債務から収益に振り替えなければならない。

　2　1(2)の寄附金によって固定資産を取得した場合は、次のように処理するものとする。

第4章 国立大学法人等固有の会計処理

(1) 当該資産が非償却資産であって、その取得が中期計画の想定の範囲内であるときに限り、その金額を寄附金債務から資本剰余金に振り替える。

(2) 当該資産が非償却資産であって、(1)に該当しないとき及び当該資産が償却資産であるときは、その金額を寄附金債務から別の負債項目である資産見返寄附金に振り替える。償却資産の場合は毎事業年度、減価償却相当額を取り崩して、資産見返寄附金戻入として収益に振り替える。

3　1(1)又は(2)のいずれにも該当しない寄附金については、当該寄附金に相当する額を受領した期の収益として計上する。」(基準第82)

このように寄附金を受領した際にその内容によって会計処理が異なることになります。国立大学の法人化前に保有していた委任経理金の処理で、法人化前に会計基準の実務指針を検討していた折、この「**使途の特定**」が厳格に解釈され、当初は「教育研究のため」といった漠然とした目的ですと、引き継いだ委任経理金全額を法人化初年度に寄附金収益に振替計上しなければならないという考え方が示されました。そのため多くの国立大学で慌てて委任経理金の各寄附者から改めて目的を特定した寄附の申込書を徴求するといったことがありました。負債として計上するためには、寄附者の意思が明確に示され、寄附者に対する義務を認識するものでなければならないと考えたのです。しかし、その後にこの解釈が緩和され、現在、この「使途の特定」については広い解釈をしており、多くの場合には上記1(2)の会計処理をとっており、寄附金債務に計上しています。寄附者の意思を尊重する考え方には合理性がありますが、目的に従った支出をするまで負債に計上する処理は、寄附による一連の取引によって損益が発生しないように

工夫したものです。一方、私学の学校法人では、寄附金受領時に即収入に計上しています。そのため、寄附金に係る負債勘定はありません。

4-6 特定の償却資産の減価に係る会計処理

　この会計処理は国立大学法人会計基準の最大の特色の一つになっています。企業会計では減価償却費を費用・原価として処理しますが、国立大学法人等では収益獲得を目的としない償却資産に係る減価償却額を損益計算書に計上すべき費用とは認識しないのです。企業会計の見地からは難解な会計処理です。

1．特定の償却資産の減価に係る会計処理とは

　「国立大学法人等が保有する償却資産のうち、その減価に対応すべき収益の獲得が予定されないものとして特定された資産については、当該資産の減価償却相当額は、損益計算上の費用には計上せず、資本剰余金を減額することとする。」(基準第84)と規定しており、特定された資産の減価償却相当額を直接資本剰余金から減額します。

2．では特定された資産とは

　この「特定された」とは、「国立大学法人等の財務構造等を勘案して、文部科学大臣が、その減価に対応すべき収益の獲得が予定されていないものとして、あらかじめ取得時までに国立大学法人等の外から個別に資産を特定していることが必要」(Q&A84-1)であるとしています。ですから、国立大学法人等が勝手に資産を特定するのではなく、文部科学大臣によって特定されることになります。

　国立大学法人等は国から国有財産の現物出資を受け、その後も必要な固定資産については施設費の交付によって取得しています。法人の

運営にとって欠くべからざる資産であって、収益の獲得を予定していない資産に関しては、法人に対して運営責任を求めるものではないとしているのです。当該資産の取得は法人の設置者である国の出資行為であって、その資産の減価償却額は法人の運営状況を説明する損益計算書に計上すべきものではなく、むしろ出資勘定にチャージさせるべきものであると考えるのです。

3．特定されない資産との違い

文部科学大臣によって特定されない資産は、貸借対照表の固定資産の部に同じように計上されますが、一方で対応する貸方勘定は純資産の部ではなく、負債の部の資産見返勘定に計上されます。そして損益計算書にその資産の減価償却費が費用として、資産見返勘定の戻入額が収益として計上されることになり、結果として損益ゼロになります。

特定された資産の減価償却額は純資産の部の資本剰余金から直接控除されることになり、損益計算書には計上されません。

4．附属病院を有する場合

全国42の国立大学法人には附属病院が設置されています。附属病院は診療行為によって診療収入が予定されていますので、収益の獲得を予定している固定資産と考えられます。しかし、一方では医師の教育と医学の研究が同時に行われている施設でもあります。ですから附属病院全てが診療行為のみを行っている訳ではないのです。そのために別途処理方針を示しています。「国立大学法人において財政融資資金を取得財源としたものとして国から出資される附属病院の建物等については、各国立大学法人毎に文部科学省において定める率により按分指定を行うこととする。財政融資資金を取得財源としたものとして国から

承継される附属病院の診療機器についても建物等同様の取扱いとする。
　この場合の文部科学省において定める率は、各国立大学法人おける附属病院に係る財政融資資金を取得財源とした償却資産の合計額から財政融資資金に係る債務として独立行政法人国立大学財務・経営センターに対し債務負担を負うこととされた債務額を差し引いた残余の額が償却資産の合計額に占める比率について基準第84の特定の償却資産の指定を行うこととされている。」（Q&A84-1）
　附属病院の建物及び工作物や診療機器について文部科学省が定める率によって、収益の獲得を予定している資産と、収益の獲得を予定していない資産に按分指定することになります。前者にかかる減価償却費は損益計算書の診療経費に計上し、後者にかかる減価償却額は貸借対照表の資本剰余金から控除することになります。
　国立大学法人は法人化前より附属病院の建設資金を財政投融資資金より調達してきており、法人化後には独立行政法人国立大学財務・経営センターに対して当該財政資金に対する債務負担をする仕組みになっています。これは企業会計で言われている自己金融機能を利用しているものです。つまり、減価償却費は資金流出を伴わない費用なので、減価償却期間に亘り固定資産の取得資金が減価償却費の計上によって回収できることを示しています。

基準第84特定資産は国立大学法人特有の資産です

4-7 その他固有の会計処理

1．事後に財源措置が行われる特定の費用に係る会計処理

　この財源措置によって貸借対照表に「未収財源措置予定額」が計上されますが、この科目の内容については次のように説明されています。
「1　国立大学法人等の業務運営に要する費用のうち、その発生額を後年度において財源措置することとされている特定の費用が発生したときは、財源措置が予定される金額を財源措置予定額収益の科目により収益に計上するとともに、未収財源措置予定額の科目により資産として計上する。
　2　後年度において財源措置することとされている特定の費用は、国立大学法人等が負担した特定の費用について、事後に財源措置を行うこと及び財源措置を行う費用の範囲、時期、方法等が、例えば中期計画等で明らかにされていなければならない。
　3　なお、財源措置予定額収益は、国立大学法人等業務実施コスト計算書に計上される業務費用から控除すべき収益には含まれない。」（基準第81）
　このような財源措置がされるのは、国立大学法人等に交付される運営費交付金等を充てるのが困難な場合とされています。

2．教育研究の実施等による収益の会計処理

　運営費交付金等の収益計上基準は原則として期間進行基準によることになりますが、国立大学法人等では国や地方公共団体、他の機関・

法人等から教育研究等を受託する場合があります。そのような場合には、当該受託研究等が実施されたものを以って収益に計上することになります。既に委託費等を収受していても、未だ受託した研究等が実施されていない場合には収益に計上することはできません。基準では、「国立大学法人等がその教育研究の実施等に伴い得た収入については、その実施によって実現したもののみを、各期の収益として計上する。」（基準第83）としています。

このような国又は地方公共団体からの受託費は、他の主体からの受託収入とは区別して表示することになります。

3. 債券発行差額の会計処理

国立大学法人等の貸借対照表の雛形には「国立大学法人債」という勘定科目があります。また東京大学をはじめ数校では格付け基準によって既に信用格付けを取得している国立大学法人もあります。制度上では国立大学法人等は独自に事業資金を調達するために債券を発行することができるのです。当然ですが、債券発行によって資金調達するということは、事業展開によって得る資金による返済計画ができていることが前提になります。金融機関からの借入と同じです。

この債券ですが、金利を示すクーポン・レートが示されますが、発行時の金融市場の動向如何で市場レートが微妙に動きます。その市場レートを発行する債券の金利に反映させるために、債券の発行価格を上下させる微調整が行われます。市場のレートが債券のクーポン・レートよりも高い場合には、債券を券面額以下で発行することに、また市場レートが債券のクーポン・レートよりも低い場合には債券を券面額以上で発行することになります。

例えば、券面額100百万円の債券を102百万円で発行した場合には、

発行時に102百万円の入金がありますが、償還時には100百万円を返済すればいいのです。この2百万円が社債発行差額となり、債券の償還期間に亘って償却することになります。この場合には債務が減少していきますので収益となります。

ただ、制度上は債券を発行できることになっていますが、未だ債券を発行した国立大学法人等はないようです。私立の学校法人でも信用格付けを取得している例がありますが、この信用格付けを前提にして金融機関からの融資条件に反映させ、より低い借入利率で資金調達しているようです。

4. 毎事業年度の利益処分

毎事業年度の利益処分に関しては、
「1　当期未処分利益は、毎事業年度、積立金として整理するもののほか、中期目標の期間の最後の事業年度を除く毎事業年度、目的積立金として整理するものとする。
　2　当期未処理損失は、毎事業年度、積立金を減額して整理し、なお不足がある場合は繰越欠損金として整理するものとする。」(基準第90)
としています。そして、中期目標の期間の最後の事業年度の利益処分については、
「国立大学法人等においては、運営費交付金等をこの中期目標の期間の終了時に精算するという考え方にたっていることから、最終年度に損益計算上の利益が生じた場合であっても準用通則法第44条第3項の処理は行わないほか、目的積立金や前中期目標期間繰越積立金が使用されずに残っていた場合は、中期目標の期間の最後の事業年度の利益処分時において、積立金に振り替えることを要するものである。」

第❹章　国立大学法人等固有の会計処理

(注解64)

　そして、具体的に国庫納付についても、
「国立大学法人法においては、積立金を次の中期目標の期間に繰り越す旨の規定が設けられているが、利益の処分又は損失の処理に関する書類のほか、国庫納付金の計算書の作成を要する。当該計算書においては、中期目標の期間の最後の事業年度に係る利益処分を行った後の積立金の総額並びにその処分先である国庫納付金の額及び前中期目標期間繰越積立金として次の中期目標の期間に繰り越される金額を記載するものとする。」(注解64)
と規定しています。

　ここにはドキッ！とする書類の作成が求められています。もし、この書類通り積立金として残った金額を国庫に納付するということになりましたら、これから利益が出たら全て使ってしまえという風潮を助長するだけでしょう。国立大学当時には、当初の予算に加え年度末近くに追加配分された予算までも全て使い切るという方針で運営していました。その悪しき慣習を正すことなく無理矢理に予算消化するために、外部の業者に資金を預けるという不正行為が発覚しました。法人化によって弾力的な運営が可能になったはずですから、その実を上げるために更なる改革が必要でしょう。

　学校法人の決算書である収支計算書では予算対実績で示されていますが、予算と実績に差異がなければ不思議な話で、奇跡に近いでしょう。でも、平成15年度までの国立大学では毎年奇跡を起こしていたのですから驚嘆です。

　各国立大学法人等で、効率的な経営を行い、その結果稼得できた利益を国庫で回収するとなれば、法人化の意義は失われてしまいます。また、各国立大学法人等でも限られた財源を有効に使うための方策を

適宜講じていく必要があります。

5. 目的積立金を取り崩す場合の会計処理

「目的積立金について、中期計画であらかじめ定めた「剰余金の使途」に沿った費用が発生したときは、その同額を取り崩して目的積立金取崩額に振り替えなければならない。また、「剰余金の使途」に沿って固定資産を取得した場合、その取得に要した額を取り崩して資本剰余金に振り替えなければならない。」（基準第92）としており、目的積立金の取崩しに係る基本方針が中期計画で示されるべきことと、目的積立金で固定資産を購入する取引が資本取引に該当するとの位置付けになっています。

6. 土地の譲渡に係る会計処理

国立大学法人等が所有する土地を譲渡した際の取扱いは、「国立大学法人等は、準用通則法第48条第1項本文に規定する重要な財産のうち、国立大学法人法第7条第3項又は附則第9条第2項の規定により政府から出資された土地を譲渡したときは、当該譲渡した財産に係る部分として文部科学大臣が定める金額については、当該国立大学法人等に対する政府からの出資はなかったものとし、当該国立大学法人等は、その額により資本金を減少するものとする。」（基準第93）となっており、法人化の際に現物出資を受けた土地を譲渡した場合には減資すべきことを定めています。実際には多くの国立大学法人等で、全く利用する計画のない又は老朽化によって使用不能な固定資産の出資を受けている例がありました。資産の有効活用を図る意味で、使用する計画が立たないような資産を持ち続ける意味はありませんので、処分をしてその対価を法人運営の原資にすべきものと考えます。その

第4章　国立大学法人等固有の会計処理

際に、上記の手続及び会計処理をしなければなりません。そして、処分代金に関しては、「国立大学法人等において土地処分収入があった場合、文部科学大臣の定める基準により算定した額を国立大学財務・経営センターに納付することとなっており、その際、国立大学法人等は、当該土地処分に関して、資本金を減少する手続を行うこととなる。

　また、国立大学法人等における土地処分収入からセンターへの納付額を差し引いた額は、当該国立大学法人等に現金として留まることとなる……」（Q&A93-1）とされており、土地処分収入の50％はセンターに納付され、差引額が当該国立大学法人等に残ることになりますので、設備等の増強財源として使うことができるのです。

第5章

貸借対照表

　貸借対照表は一定時点の財政状態を示す財務諸表です。
　家計を考えてみますと、現金や預金、そして居宅等の財産と住宅ローンやキャッシング・ローン、クレジット・カードの未決済残高等の負債を一表にまとめて、家庭の財産状態を見るのと同じことです。
　法人化によって作成が求められる重要な決算資料の一つです。

第5章　貸借対照表

5-1 貸借対照表の表示

1. 貸借対照表の作成目的

貸借対照表の作成目的としては、「貸借対照表は、国立大学法人等の財政状態を明らかにするため、貸借対照表日におけるすべての資産、負債及び純資産を記載し、国民その他の利害関係者にこれを正しく表示するものでなければならない。」(基準第41) としています。

2. 表示区分

そして、表示区分を「貸借対照表は、資産の部、負債の部及び純資産の部の三区分に分かち、更に資産の部を固定資産及び流動資産に、負債の部を固定負債及び流動負債に区分しなければならない。」(基準第46) としています。

104ページに実際の国立大学法人の貸借対照表を示し、これを見ながら説明します。

「資産、負債及び純資産は、適切な区分、配列、分類及び評価の基準に従って記載しなければならない。」(基準第47) としており、一定の様式に従って作成することになります。その様式は基準第56に示されており、104ページの貸借対照表もこの様式に従っています。

貸借対照表に記載する金額は、各勘定科目ごとの「総額によって記載することを原則とし、資産の項目と負債又は純資産の項目とを相殺することによって、その全部又は一部を貸借対照表から除去してはならない。」としています (基準第48)。これを総額主義の原則といいます。

資産と負債の表示は、固定から流動の順に記載することになります。これを固定性配列法といい、一般の企業会計での表示方法である流動性配列法とは異なる表示方法となっています（基準第50）。なお、私立の学校法人が作成する貸借対照表も固定性配列法になっています。

　複式簿記の大前提ですが、貸借対照表の左側の資産の合計金額と、右側の負債と純資産の合計金額は常に一致します（基準第49）。もし、一致しなければどこかが間違っているのです。

第5章 貸借対照表

貸借対照表
（平成25年3月31日）
（単位：円）

科　目	金　額		科　目	金　額	
資産の部			負債の部		
I　固定資産			I　固定負債		
1　有形固定資産			資産見返負債		
土地		52,050,454,562	資産見返運営費交付金等		4,869,401,554
建物	70,557,230,669		資産見返補助金等		1,896,832,486
減価償却累計額	△ 23,403,319,639		資産見返寄附金		1,991,923,084
減損損失累計額	△ 65,269,809	47,088,641,221	資産見返物品受贈額		7,293,251,841
構築物	4,230,573,483		建設仮勘定等見返運営交付金等		19,855,690
減価償却累計額	△ 1,929,940,598		建設仮勘定等見返施設費		812,394,680
減損損失累計額	△ 178,751	2,300,454,134	建設仮勘定等見返寄附金	5,857,108	16,889,516,443
機械装置	40,859,025		国立大学財務・経営センター債務負担金		9,319,912,660
減価償却累計額	△ 24,510,553	16,348,472	長期借入金		16,126,021,000
工具器具備品	39,496,509,288		退職給付引当金		178,092,117
減価償却累計額	△ 24,858,000,661	14,638,508,627	資産除去債務		114,755,776
図書		8,080,154,104	長期未払金		2,719,245,469
美術品・収蔵品		110,647,766	固定負債合計		45,347,543,465
船舶	55,048,184				
減価償却累計額	△ 48,066,274	6,981,910	II　流動負債		
車両運搬具	84,068,892		運営費交付金債務		741,675,879
減価償却累計額	△ 74,432,286	9,636,606	寄附金債務		4,148,446,267
建設仮勘定		983,959,263	前受受託研究費等		593,018,467
有形固定資産合計		125,285,786,665	前受受託事業費等		726,010
2　無形固定資産			預り金		440,722,415
特許権		82,255,428	前受金		5,481,055
			一年以内返済予定国立大学財務・経営センター債務負担金		1,135,703,217
電話加入権		1,174,559	一年以内返済予定長期借入金		992,089,000
ソフトウェア		47,554,375	未払金		7,237,336,446
特許権仮勘定		544,869,340	前受収益		323,060
その他		35,518,769	未払費用		36,169,823
無形固定資産合計		711,372,471	賞与引当金		322,164,899
			資産除去債務		176,000
3　投資その他の資産			流動負債合計		15,654,032,538
投資有価証券		1,012,863,820			
長期貸付金		98,100,000	負　債　合　計		61,001,576,003
長期延滞債権	86,114,913		純資産の部		
徴収不能引当金	△ 73,775,860	12,339,053	I　資本金		
投資その他の資産合計		1,123,302,873	政府出資金		69,804,964,061
固定資産合計		127,120,462,009	資本金合計		69,804,964,061
			II　資本剰余金		
II　流動資産			資本剰余金		24,643,891,411
現金及び預金		10,039,612,863	損益外減価償却累計額(-)		△ 18,447,273,350
未収学生納付金収入		58,772,800	損益外減損損失累計額(-)		△ 50,664,467
未収附属病院収入	4,587,798,761		損益外利息費用累計額(-)		△ 4,452,750
徴収不能引当金	△ 17,244,958	4,570,553,803	資本剰余金合計		6,141,500,844
未収入金		630,946,111	III　利益剰余金		
短期貸付金		5,100,000	前中期目標期間繰越積立金		3,138,385,008
たな卸資産		4,044,028	教育研究診療環境整備積立金		293,868,447
医薬品及び診療材料		340,750,403	積立金		2,025,132,225
前払費用		6,284,703	当期未処分利益		409,759,027
未収収益		3,897,324	（うち当期総利益）		(409,759,027)
未収消費税等		28,984,500	利益剰余金合計		5,867,144,707
その他		5,777,071			
流動資産合計		15,694,723,606	純　資　産　合　計		81,813,609,612
資　産　合　計		142,815,185,615	負債純資産合計		142,815,185,615

（岡山大学ホームページより）

5-2 主な資産科目

1．資産の定義

　資産とは、「過去の取引又は事象の結果として国立大学法人等が支配する資源であって、それにより教育研究の実施能力又は将来の経済的便益が期待されるものをいう。」(基準第8) としています。この表現を読みますと如何にも難解ですが、具体的な科目名を見てみますと分かります。

　そして、「資産は、流動資産及び固定資産に分類」(基準第8) します。この言葉は、Liquid　Asset：流動資産、Fixed Asset：固定資産というように、外国語からの翻訳です。区分する基準は、

1) 通常の業務活動により発生した受取手形（国立大学法人の実務で見たことはありませんでしたが）、未収入金、前渡金等の債権は流動資産に属することになります。これを企業会計では『営業循環基準』といいます。
2) 貸付金、差入保証金等の通常の業務以外によって発生した債権は、その決済が1年以内であれば流動資産、1年超であれば固定資産に区分することになります。これを『1年基準 (One Year Rule)』といいます（詳しくは注解9をご覧ください）。

　そして、「固定資産は、有形固定資産、無形固定資産及び投資その他の資産に分類される。」(基準第9) となっています。

2. 有形固定資産

　有形固定資産とは読んで字のごとく、物理的に物が存在する資産で、次の資産が基準第10に示されています。

　(1)土地、(2)建物及び附属設備、(3)構築物、(4)機械及び装置並びにその他の附属設備、(5)工具、器具及び備品、ただし、耐用年数1年以上のものに限る、(6)図書、(7)美術品、収蔵品、(8)船舶及び水上運搬具、(9)車両その他の陸上運搬具、(10)建設仮勘定、(11)その他の有形資産で流動資産又は投資たる資産に属さないもの

　上記のうちで国立大学法人等の特色が出ている資産としては図書があります。教育研究に欠くべからざる重要な資産として計上されるものです。他の固定資産の金額的な計上基準は50万円なのですが、この図書に関しては金額基準がありません。法人として継続的に保持していくものとして管理している図書であれば、たとえ500円の文庫本であっても図書として固定資産に計上することになります。ですから、学会誌のようなものであっても、法人として研究のために保持する必要があると認めている限り、図書に計上することになります。一方、

週刊誌のように一時的に読み捨ててしまい、蔵書として保持する必要がないと判断している場合には図書には該当しません。この取扱いは私立の学校法人でも同様です。

　国立大学法人等には、その専門性から多くの美術品、収蔵品が所蔵されています。卒業生や教員の作品、そして貴重な標本類があります。これも固定資産となります。

3. 無形固定資産

　無形固定資産も読んで字の如く物理的なものが存在しない資産です。特許権、借地権、地上権、商標権、実用新案権、意匠権、工業所有権、鉱業権、温泉権、漁業権、そしてコンピュータのソフトウェアが挙げられています（基準第11）。法人が土地を借地として利用する場合には通常その権利の対価を所有者に払うことになりますので、その対価が借地権として資産に計上されます。また法人の研究開発によって特許権、工業所有権、実用新案権、意匠権等を有償で確保した場合には、その取得に要した支出額が資産計上されます。多岐に亘る高度な研究をしているわけですから、この資産の獲得は大いに期待されています。

　また、コンピュータのソフトウェアですが、第3章でその資産性に関して解説をしていますので、注意してください。

4. 投資その他の資産

　「流動資産、有形固定資産又は無形固定資産に属するもの以外の長期資産は、投資その他の資産に属するものとする。」（基準第12）というふうに、固定資産のうちで他に属さないものを投資その他の資産としています（決してゴミ溜ではありません）。

その内容は、
　(1)投資有価証券、ただし、関係会社有価証券を除く、(2)関係会社株式、(3)その他の関係会社有価証券、(4)長期貸付金、ただし、関係法人に対する長期貸付金を除く、(5)関係法人長期貸付金、(6)破産債権、再生債権、更生債権その他これらに準ずる債権、(7)長期前払費用、(8)未収財源措置予定額、(9)その他（基準第12）
となっています。しかし、国立大学法人等には縁遠い資産が列挙されています。この中では、投資有価証券、長期貸付金、長期前払費用、その他として回収に1年以上を要する長期債権が考えられます。交付が1年以上先になる財源措置予定額もあまり見ません。
　このように多くの科目を示したのは、企業会計で列挙されている資産をそのまま記載したからです。

5．流動資産

　この流動資産は馴染みやすい科目名が並んでいるかと思います。流動資産に属する資産は、
「(1)現金及び預金、ただし、一年以内に期限の到来しない預金を除く、(2)未収入金、(3)受取手形、(4)有価証券で、「第31 有価証券の評価基準及び評価方法」において定める売買目的有価証券及び一年以内に満期の到来するもの、(5)商品、(6)製品、(7)半製品、(8)原料及び材料、(9)仕掛品、(10)医薬品、(11)診療材料、(12)消耗品、消耗工具、器具及び備品その他の貯蔵品で相当価額以上のもの、(13)前渡金、(14)前払費用で一年以内に費用となるべきもの、(15)未収収益で一年以内に対価の支払を受けるべきもの、(16)その他の資産で一年以内に現金化できると認められるもの」（基準第13）
としています。一般の企業会計の資産名称をそのまま使っていますか

ら、国立大学法人等に馴染まない科目もあります

　有価証券は短期的な資金運用のために保有するものですし、医薬品と診療材料は附属病院を設置している法人で計上されます。商売をしているわけではありませんので、商品、製品は原則として持つことはないでしょうし、製造業を営んでいるわけではありませんので、半製品、原料及び材料、仕掛品はないでしょう。もちろん検査用の試薬等はありますが、金額が多額に及べば貯蔵品になるでしょう。かつて会計検査院の指摘を受けて、年度末にタンクに残っていたボイラー用の重油を貯蔵品に計上することになりました。

　「……一年以内……」という表現に流動と固定を区分している『1年基準』が活きています。

5-3 主な負債科目

1. 負債の定義

負債とは、
「1　過去の取引又は事象に起因する現在の義務であって、その履行が国立大学法人等に対して、将来、教育研究の実施又は経済的便益の減少を生じさせるものをいう。
2　負債は、法律上の債務に限定されるものではない。
3　負債は、流動負債及び固定負債に分類される。」(基準第14)
としています。この表現も難解ですが、ここでも具体的な科目名を見てみますと分かります。

流動負債と固定負債に区分する基準は、
1) 通常の業務活動により発生した未払金、前受金等の債務は流動負債に属することになります。やはりここでも企業会計の『営業循環基準』で区分することになります。
2) 借入金、そして国立大学法人等の通常の業務以外によって発生した未払金等の債務は、その決済が1年以内であれば流動負債、1年超であれば固定負債に区分することになります。資産の区分と同じく『1年基準 (One Year Rule)』によって区分します。

2. 固定負債

固定負債に属する負債は、
「(1)資産見返負債、(2)寄付金債務で一年以内に使用されないと認め

れるもの、(3)前受受託研究費等で一年以内に使用されないと認められるもの、(4)前受受託事業費等一年以内に使用されないと認められるもの、(5)国立大学財務・経営センター債務負担金、(6)長期借入金、(7)国立大学法人等債、(8)退職給付に係る引当金、(9)退職給付に係る引当金及び資産に係る引当金以外の引当金であって、一年以内に使用されないと認められるもの、(10)長期未払金、(11)資産除去債務、ただし、流動負債として計上されるものを除く、(12)その他の負債で流動負債に属しないもの」(基準第15)
としており、ここに『1年基準』が明確に示されています。

最初に出てくる資産見返負債、寄附金債務は国立大学法人等会計基準独特の勘定科目で、第4章で説明しています。受託研究や受託事業ですが、要する費用を委託者から前取りするのを原則としていますので、この前受勘定が発生するのです。国立大学財務・経営センター債務負担金とは国立大学の法人化の際に国の特別会計から引き継いだ借金で、附属病院の建設資金が該当します。国立大学法人等債とは、国立大学法人等が資金調達のために自ら発行する債券のことです。既に東京大学、岡山大学等で信用格付けを取得していますので、この債券の発行もまんざら夢ではないようですが、現時点で発行している例はありません。資産除去債務については第3章で説明しています。

3. 流動負債

流動負債に属する勘定は固定負債と類似しており、次のように規定されています。

「(1)運営費交付金債務、(2)授業料債務、(3)預り施設費、(4)預り補助金等、ただし、預り科学研究費補助金等及び固定負債に属するものを除く、(5)寄附金債務、ただし、固定負債に属するものを除く、(6)前受

受託研究費等、ただし、固定負債に属するものを除く、(7)前受受託事業費等、ただし、固定負債に属するものを除く、(8)前受金、(9)預り科学研究費補助金等、(10)預り金、(11)短期借入金、(12)一年以内償還予定国立大学法人等債、(13)未払金、(14)前受収益で一年以内に収益となるべきもの、(15)未払費用で一年以内に対価の支払いをすべきもの、(16)未払消費税等、(17)引当金、(18)資産除去債務で一年以内に履行が見込まれるもの、(19)その他の負債で一年以内に支払われまたは返済されると認められるもの」(基準第16)となっています。

ここでも『1年基準』が適用されています。

5-4 純資産

1. 純資産の定義

純資産とは、

「1　国立大学法人等の純資産とは、国立大学法人等の業務を確実に実施するために与えられた財産的基礎及びその業務に関連し発生した剰余金から構成されるものであって、資産から負債を控除した額に相当するものをいう。

2　純資産は、資本金、資本剰余金及び利益剰余金に分類される。」(基準第18)とされています。ここで述べている「資産から負債を控除した額に相当する」とは、まさに複式簿記の原理そのものです。

2. 資本金

「資本金とは、国立大学法人等に対する出資を財源とする払込資本に相当する。」(基準第19)としています。そして、「政府出資金とそれ以外の者からの出資金(出資者等により適切な名称を付することを要する)とに区分して表示しなければならない。」(基準第55)としていますが、政府以外の者からの出資金の例はまだないと思います。この資本金は、一般企業では株主が株式を取得することで出資者となりますが、国立大学法人等では法人設立時に国が校地や校舎等の国有財産を現物出資したその資産を裏付けとして資本金となりました(余談ですが、その資産の評価鑑定のために莫大な鑑定料を不動産鑑定士に支払いました)。

国立大学法人の資本金は、評価鑑定した財産で現物出資しています

ので多額に上ぼっており、東京大学の資本金は平成24年度で1,045,247百万円で、1兆円以上の巨大な法人になっています。

3. 資本剰余金

「資本剰余金とは、資本金及び利益剰余金以外の純資産であって、贈与資本及び評価替資本が含まれる。」（基準第19）資本剰余金の内容については説明しづらいのです。

資本剰余金には、法人化時点で出資を受けた国有財産以外の資産を裏付けとしたもので構成され、その後に「国立大学法人等が固定資産を取得した場合において、取得原資拠出者の意図や取得資産の内容等を勘案し、国立大学法人等の財産的基礎を構成すると認められる場合には、相当額を資本剰余金として計上する。」（注11）としています。出資者以外からの資金を原資にして固定資産を取得した場合に、資本剰余金を構成するということは企業会計では想定していません。

具体的には第4章で説明していますが、以下のような場合が挙げられます。

「(1) 国又は独立行政法人国立大学財務・経営センターからの施設費により非償却資産又は「第84 特定の償却資産の減価に係る会計処理」を行うこととされた償却資産を取得した場合
(2) 国又は地方公共団体からの補助金等により非償却資産を取得した場合
(3) 中期計画に定める「剰余金の使途」として固定資産を取得した場合
(4) 中期計画の想定の範囲内で、運営費交付金により非償却資産を取得した場合
(5) 中期計画の想定の範囲内で、授業料債務により非償却資産を取

得した場合

(6) 中期計画の想定の範囲内で、寄附金により、寄附者の意図に従い、又は国立大学法人等があらかじめ特定した使途に従い、非償却資産を取得した場合」(注11)

上記の会計処理は第4章で解説していますが、国立大学法人会計の特殊性が出ている部分になります（固定資産の会計処理を担当する方の充分な理解が必要です）。

資本剰余金には民間出えん金も含まれます。聞き慣れない科目ですが、

「中期計画等において、国立大学法人等の財産的基礎に充てる目的で民間から出えんを募ることが明らかにされている場合であって、当該中期計画等に従って出えんを募った場合には、当該民間出えん金は、国立大学法人等の財産的基礎を構成すると認められることから、資本剰余金として計上する。」(注12)とされています。

4. 利益剰余金

　利益剰余金とは、「国立大学法人等の業務に関連し発生した剰余金であって、稼得資本に相当する。」(基準第19) であり、企業会計と同じ内容です。

　表示科目としては、前中期目標期間繰越積立金、使途ごとに名称を付した目的積立金、目的を付していない積立金、そして当期未処分利益として列挙することになります。

第6章

損益計算書

　損益計算書は、1会計期間すなわち4月1日から翌年の3月31日までの1年間の費用と収益を表示するものですが、法人の性格によって表そうとしている内容が企業会計とは異なります。この点を理解してください。

第6章　損益計算書

6-1　損益計算書の表示

1. 損益計算書の作成目的

損益計算書の作成目的は、「国立大学法人等の運営状況を明らかにするため、一会計期間に属する国立大学法人等のすべての費用とこれに対応するすべての収益とを記載して当期純利益を表示しなければならない。」(基準第42) となります。後で説明することなのですが、この規定の表現の中に国立大学法人等会計基準の特色が表れているのです。まず費用があって、それに対応する収益が出てくるのです。

また、国立大学法人等の損益計算書では、当期純利益の記載で終わるのではなく、「当期純利益に必要な項目を加減して、当期総利益を表示しなければならない。」(基準第42) としています。具体的には、目的積立金取崩額が雛形で示されています。

2. 適用される原則

損益計算書に記載される、「費用及び収益は、総額によって記載することを原則とし、費用の項目と収益の項目とを直接に相殺することによってその全部または一部を損益計算書から除去してはならない。」(基準第58) としています。これを総額主義の原則といいます。

そして、損益計算書に記載する、「費用及び収益は、その発生源泉に従って明瞭に分類し、各費用項目とそれに関連する収益項目とを損益計算書に対応表示しなければならない。」(基準第59) としており、これを費用収益対応の原則といいます。

3. 表示区分と分類

　損益計算書は経常損益計算と純損益計算の2区分になります。経常損益計算の区分では、国立大学法人等の本来の業務活動から生じた費用と収益を記載します。その結果として経常利益又は経常損失を示すことになります。

　損益計算書の様式は基準第63に示されており、下記の損益計算書もこの雛形に従っています。

損 益 計 算 書
(平成24年4月1日～平成25年3月31日)

(単位：円)

科　　　目	金　　　額		
経常費用			
業務費			
教育経費		2,816,489,742	
研究経費		4,234,257,809	
診療経費			
材料費	10,635,804,176		
委託費	1,664,060,342		
設備関係費	4,236,936,157		
研修費	957,119		
経費	1,576,311,416	18,114,069,210	
教育研究支援経費		883,445,834	
受託研究費		1,253,242,407	
受託事業費		422,060,984	
役員人件費		117,900,712	
教員人件費			
常勤教員給与	14,938,218,413		
非常勤教員給与	2,002,865,210	16,941,083,623	
職員人件費			
常勤職員給与	12,434,139,047		
非常勤職員給与	1,364,909,485	13,799,048,532	58,581,598,853
一般管理費			1,482,817,448
財務費用			
支払利息			455,911,691
雑損			11,245,918
経常費用合計			60,531,573,910
経常収益			
運営費交付金収益		16,574,179,493	
授業料収益		6,946,264,771	
入学金収益		955,885,700	
検定料収益		176,127,700	
附属病院収益		28,178,319,350	

第6章　損益計算書

受託研究等収益			
国又は地方公共団体からの受託	340,834,685		
他の主体からの受託	915,058,871	1,255,893,556	
受託事業等収益			
国又は地方公共団体からの受託	188,659,441		
他の主体からの受託	236,785,152	425,444,593	
施設費収益		259,774,647	
補助金等収益		845,780,298	
寄附金収益		1,907,172,660	
財務収益			
受取利息	2,846,598		
有価証券利息	34,500,920		
為替差益	4,256,099	41,603,617	
雑益			
財産貸付料収入	188,532,807		
手数料収入	11,328,008		
物品等売払収入	55,375,337		
受託研究等収入	288,919,379		
研究関連収入	722,021,543		
消費税等還付金	13,516,400		
その他	257,258,615	1,536,952,089	
資産見返負債戻入			
資産見返運営費交付金等戻入	624,729,214		
資産見返補助金等戻入	600,558,372		
資産見返寄附金戻入	541,676,479		
資産見返物品受贈額戻入	42,809,224		
建設仮勘定等見返運営費交付金等戻入	520,995		
建設仮勘定等見返寄附金戻入	1,811,832		
資産仮勘定等見返施設費戻入	234,579	1,812,340,695	
経常収益合計			60,915,739,169
経常利益			384,165,259
臨時損失			
固定資産除却損		100,022,598	
固定資産売却損		1,887,688	101,910,286
臨時利益			
固定資産売却損		80,930	80,930
当期純利益			282,335,903
目的積立金取崩額			127,423,124
当期総利益			409,759,027

（岡山大学ホームページより）

　純損益計算の区分では、経常損益計算の結果を受けて、固定資産売却損益、減損損失、災害損失等の臨時損失を加減算して当期純損益を示すことになります。この区分に計上される項目は、本体の業務活動から生じたものではない非経常的な項目です。固定資産は売却を目的にして保有するものではなく、使用することでその便益を受ける目的

で保有するものですから、売却行為は非経常的な取引になります。もちろん災害等によって生じた損害も典型的な非経常的な項目になります。

　純損益計算の結果である当期純利益又は当期純損失に、過年度の利益処分によって積み立てた目的積立金の取崩額を加算して、当期総利益を示すことになります。

6-2 主な費用科目

1. 費用の定義

「国立大学法人等の費用とは、教育研究の実施、財貨の引渡又は生産その他の国立大学法人等の業務に関連し、その資産の減少又は負債の増加（又は両者の組合せ）をもたらす経済的便益の減少であって、国立大学法人等の財産的基礎を減少させる資本取引によってもたらされるものを除くものをいう。」（基準第20）と費用を定義していますが、何とも解りにくい表現になっています。ごく一般的に考えて、費用というものを理解すればいいでしょう。ここで「資本取引によってもたらされるものを除く」としていますが、国立大学法人等に特有な処理すなわち財産的基礎を構成するとして、純資産に対応するとされた固定資産から生じた減価償却額等は費用に計上するのではなく、純資産勘定から直接控除することになる処理を注解13で例示しています。これに関しては第4章で説明しています。

2. 経常費用の科目

費用の表示項目については、「業務費及び一般管理費については、これらを構成する費用の内容に応じて区分し、それぞれにその内容を示す適切な名称を付して表示するものとする。」（基準第61）としています。基準第63に示されています様式より経常費用の項目を列挙してみます。

```
業務費用
  教育経費、研究経費、診療経費、教育研究支援経費、受託研究
  費、受託事業費、役員人件費、教員人件費、職員人件費……
一般管理費
財務費用
  支払利息……
雑損
```

となっています。国立大学法人等の事業活動の内容を適切に説明するために、損益計算書には目的別に分類して示しているのです。

　さて、予算配分の際の実務的なことになりますが、教育経費と研究経費を峻別できるのかという議論が実務指針を検討している過程で出てきました。私立の学校法人に適用されている学校法人会計基準（文部科学省令第15号）では、教育と研究を分けてはいません。この両者は同時に行われていると考え、教育研究経費と言う科目にまとめられています。予算配分の手続と実際に執行する教員にとっては煩わしい話です。医学部の臨床系の教員からは、教育と研究、そして診療が同時に行われており、それにかかる経費を明確に分けるのは困難だとの意見を聞いたことがあります。しかし、実務指針では「国立大学法人等の主たる業務は教育、研究であるが、その業務内容について、国民に対する説明責任を十分に果たすためには、両者を一体として表示するのではなく、教育、研究の別に表示することがより適切であると考えられる」（注解63-2）としています。

　さて、本論に戻しますと、教育経費や研究経費というのは、機能別に予算配分された事項ごとにまとめられています。その具体的な内容については、附属明細書の「(15)業務費及び一般管理費の明細」に詳細

な形態別分類によって内容が記載されることになり、Q&A76-1に様式と記載内容が示されています。そのうちの、教育経費の明細を列挙してみますと、

　消耗品費、備品費、印刷製本費、水道光熱費、旅費交通費、通信運搬費、賃借料、車両燃料費、福利厚生費、保守費、修繕費、損害保険料、広告宣伝費、行事費、諸会費、会議費、報酬・委託・手数料、奨学費、減価償却費、貸倒損失、徴収不能引当金繰入額、雑費
となります。

研究経費でも同様の科目が列挙されています。

　この目的別分類による区分基準では次のように説明しています(Q&A63-2)。

　教育経費は、「業務として学生等に対して行われる教育に要する経費とする。具体的には、入学試験、正課教育、特別授業、進学(就職)準備、入卒業式、補習及び個別指導教育、学生納付金免除、学生に対する保健サービス、課外活動、教育目的の附属施設、公開講座等に要する経費をいう。」としています。

　研究経費は、「業務として行われる研究に要する経費を対象とする。」

　診療経費は、「附属病院における診療報酬の獲得が予定される行為に要する経費を対象とする。」

　教育研究支援経費とは、「附属図書館、大型計算機センター等の特定の学部等に所属せず、法人全体の教育及び研究の双方を支援するために設置されている施設又は組織であって学生及び教員の双方が利用するものの運営に要する経費を対象とする。」

　受託研究費等とは、「受託研究及び共同研究の実施に要する経費を対象とする。」

　受託事業費等とは、「受託事業及び共同事業の実施に要する経費を

対象とする。」

　一般管理費とは、「管理運営を行うために要する経費を対象とする。次の各号に該当することが明らかな経費は、これを一般管理費とする。①役員会、経営協議会及び教育研究評議会にために要する経費、②総務、人事、財務、経理その他これに準ずる業務に要する経費、③教職員の福利厚生に要する経費、④学生募集に要する経費、⑤教育研究診療活動以外に供する施設、設備の修繕、維持、保全に要する経費。その他、他の区分に属さない業務経費は本区分に属することとする。」としています。

　ただ、上記のように定めても判然としない経費があります。その際には区分する基準を同じくQ&A63-2で場所や施設を例示して説明しています。

4．臨時損失

　この臨時損失は企業会計の特別損失と類似している内容になりますが、国立大学法人等会計基準の方がやや限定的に解釈しています。臨時損失には、固定資産除却損、減損損失、災害損失が様式に列挙されています。

6-3 主な収益科目

1. 収益の定義

「国立大学法人等の収益とは、教育研究の実施、財貨の引渡又は生産その他の国立大学法人等の業務に関連し、その資産の増加又は負債の減少（又は両者の組合せ）をもたらす経済的便益の増加であって、国立大学法人等の財産的基礎を増加させる資本取引によってもたらされるものを除くものをいう。」（基準第21）と収益を定義していますが、ここでも解りにくい表現になっています。ごく一般的に考えて、収益というものを理解すればいいでしょう。費用と同様に収益でも「資本取引によってもたらされるものを除く」としていますが、国立大学法人等に特有な処理すなわち財産的基礎を構成するとして、純資産に対応するとされた固定資産から生じた売却益等が収益から除外されます。（注解14）これに関しても第4章で説明しています。

2. 経常収益の科目

経常収益に計上する項目に関しては、次のように規定されています。
「1　運営費交付金収益及び当該年度に係る授業料収益は、「第78　運営費交付金等の会計処理」による会計処理を行った結果、当期の収益と認識された額を表示する。
　2　入学金収入、検定料収入、附属病院収入、受託研究等収入、受託事業等収入等については、教育研究等の実施によって実現したもののみをそれぞれ適切な名称を付して表示する。

3 補助金等収益は、「第80 補助金等の会計処理」による会計処理を行った結果、当期の収益と認識された額を表示する。なお、補助金等収益は、補助金等の交付決定区分ごとに適切な名称を付して表示する。

4 寄附金収益は、「第82 寄附金の会計処理」による会計処理を行った結果、当期の収益として認識された額を表示する。」(基準第62)

上記の収益に関しては、国立大学法人会計基準に定める計上基準に従って処理した額を表示することを示しています。

余談ではありますが、3月までに収受する次年度新入生に係る入学金収入ですが、入学年度の収益になるのではなく、入学手続に従って収受した年度の収益となっています。一方、私立の学校法人の会計処理では、新入生が払い込む入学金は実際に入学年度の収益に計上しており、3月の年度末の会計処理は前受金として負債に計上しています。国立大学法人の会計処理を、発生主義の原則及び費用収益対応の原則を基に考える必要があります。翌年の新入生が払い込む入学金は何の対価なのかという疑問に、入学手続に要する事務処理の対価らしいのですが、それにしては高いですよね。

では、基準第63の損益計算書の様式に示されている経常収益の科目を列挙してみます。

運営費交付金収益、授業料収益、入学金収益、検定料収益、附属病院収益、受託研究等収益、受託事業等収益、寄附金収益、財務収益(受取利息、有価証券利息、……)、雑益(財産貸付料収入、(何)入場料収入、物品受贈益、……)

列挙されている収益科目のどこにも属さないような収益は雑益に計上します。

3. 臨時利益

　臨時利益には、非経常的に発生する利益を計上することになり、上記の様式では、固定資産売却益、(何)引当金戻入益……と例示されています。

第7章

キャッシュ・フロー計算書

　会社を初めとした組織を運営していくためには、資金の動きを管理する必要があります。人間の身体で考えますと、生命を維持するための血液が資金であり、その資金の流れを充分にコントロールしませんと、組織を維持することが難しくなります。企業でも、黒字決算を続けている優良会社であっても、資金繰りに行き詰まってしまい、破綻してしまう実例があります。俗に言う黒字倒産です。
　国立大学法人等では、法人化によって自らで資金を管理しなければならなくなりました。この資金の動きを表したのがこのキャッシュ・フロー計算書です。

7-1 キャッシュ・フロー計算書の作成目的

1. キャッシュ・フロー計算書の作成目的

　キャッシュ・フロー計算書の作成目的は、「キャッシュ・フロー計算書は、国立大学法人等の一会計期間におけるキャッシュ・フローの状況を報告するため、キャッシュ・フローを一定の活動区分別に表示しなければならない。」（基準第43）とされています。

　財務諸表の中でのキャッシュ・フロー計算書の位置付けですが、「キャッシュ・フロー計算書は、一会計期間におけるキャッシュ・フローの状況を一定の活動区分別に表示するものであり、貸借対照表及び損益計算書と同様に国立大学法人等の活動の全体を対象とする重要な情報を提供するものである。このようなキャッシュ・フロー計算書の重要性にかんがみ、国立大学法人等の財務諸表の一つに位置付けられるものとする。」（注解37）としています。

　企業会計においても、このキャッシュ・フロー計算書は貸借対照表、損益計算書と同様に重要な財務諸表の一つとされています。法人組織の永続的な維持運営を図るためには、日々の資金の動きを充分に注視していなければなりません。

　法人化以前では、各国立大学等で自ら資金管理をする必要はなく、一般企業でもっとも重要な部署である資金管理を所管する財務部又は資金課等という担当部署はなく、3～6ヶ月先までの資金繰りを検討して、決済資金が不足することのないように各取引金融機関との連携を密にしておくという苦労をすることもなかったのです。よく知られて

7-1 キャッシュ・フロー計算書の作成目的

いるように、18歳人口は減少し続けている一方で、大学の新設は毎年認可され、その結果入学定員に達しない大学が数多く出てきています。そのような大学では、充分な授業料収入の確保が難しく、教職員への給与の支払等の資金繰りは頭の痛い問題になっています。しかし、現在の国立大学法人等では、このように資金繰りで追い詰められることはないと考えているでしょう。でも、附属病院の増改築等では、借入資金の返済原資を確保するために綿密な経営計画と資金計画が必要となります。このように法人経営にとって、この資金の動きを把握することは必須であり、財務担当者の重要な役割となります。

　私立の学校法人の財務・経理部長と意見交換したことがありました。その学校は付属校から文系の大学院までを設置しており、年間経常収益（私学では帰属収入といいますが）は約100億円規模ですが、本部の財務・経理担当部署は総勢4名で、部長の頭の中には今日現在の預金残高と3ヵ月先までの資金繰りが入っているとのことでした。また、複数の病院を設置し、総病床数3,000を超える医科大学の財務担当理事から、今後20年間の全学の病院等の施設維持計画を持っているとの説明を聞いたことがあります。私学ですから病院建設資金は全て自己資金で賄わなければなりませんので、建設資金の借入とその返済は

計画的に進めなければなりませんし、金融機関との交渉も必要になります。借入金残高の上限を設けて、各病院の月次の収益状況を適時分析し、資金繰りが円滑に進むよう細心の注意を払っています。

　このように資金の動き：キャッシュ・フローを掌握しておくことは、経営にとって極めて重要なことであり、一会計期間の資金の動きを表示するキャッシュ・フロー計算書は重要な財務諸表であることが分かります。

7-2 キャッシュ・フロー計算書の表示区分

1. キャッシュ・フロー計算書の表示区分

「キャッシュ・フロー計算書には、業務活動によるキャッシュ・フロー、投資活動によるキャッシュ・フロー及び財務活動によるキャッシュ・フローの区分を設けなければならない。」(基準第64)としています。国立大学法人等の組織内でどのような活動でキャッシュの動きがあったのかを明らかにするものです。これは企業会計で、営業活動・投資活動・財務活動の3区分の各活動によるキャッシュ・フローを捉えて、各区分ごとに表示しているものを援用してきています。

このキャッシュ・フロー計算書の様式は、基準第66に示されており、次の開示例もこの様式に従っています。

キャッシュ・フロー計算書
(平成24年4月1日～平成25年3月31日)

(単位：円)

Ⅰ 業務活動によるキャッシュ・フロー	
原材料、商品又はサービスの購入による支出	△21,259,378,123
人件費支出	△31,150,496,631
その他の業務支出	△1,157,880,469
運営費交付金収入	18,956,382,000
授業料収入	6,301,512,581
入学金収入	943,560,300
検定料収入	176,127,700
附属病院収入	28,188,604,785
受託研究等収入	1,436,511,201
受託事業等収入	383,499,944
補助金等収入	898,828,346

	寄附金収入	1,710,123,458
	科学研究費補助金等預り金純増減	82,132,412
	奨学金貸付金純増減	△ 22,500,000
	その他	1,416,353,859
	業務活動によるキャッシュ・フロー	6,903,381,363
II	投資活動によるキャッシュ・フロー	
	有価証券の取得による支出	△ 42,600,000,000
	有価証券の償還による収入	44,925,000,000
	有形固定資産及び無形固定資産の取得による支出	△ 11,725,189,191
	有形固定資産及び無形固定資産の売却による収入	131,900
	施設費による収入	2,474,083,330
	小計	△ 6,925,973,961
	利息及び配当金の受取額	42,586,728
	投資活動によるキャッシュ・フロー	△ 6,883,387,233
III	財務活動によるキャッシュ・フロー	
	国立大学財務・経営センター債務負担金の返済による支出	△ 1,316,342,364
		4,362,925,000
	長期借入れによる収入	△ 878,254,000
	長期借入金の返済による支出	△ 680,179,663
	リース債務の返済による支出	1,488,148,973
	小計	△ 455,812,427
	利息の支払額	1,032,336,546
	財務活動によるキャッシュ・フロー	
IV	資金に係る換算差額	1,030,674
V	資金増減額	1,053,361,350
VI	資金期首残高	8,986,251,513
VII	資金期末残高	10,039,612,863

(岡山大学ホームページより)

2. 業務活動によるキャッシュ・フローとは

注解42に次のような説明があります。

「2 業務活動によるキャッシュ・フローの区分には、国立大学法人等の通常の業務の実施に係る資金の状態を表すため、教育研究の実施による収入、原材料、商品又はサービスの購入による支出等、

投資活動及び財務活動以外の取引によるキャッシュ・フローを記載する。
3 国立大学法人等に対して国から交付される運営費交付金については、法人がその業務を行うことを前提に、そのための財源として交付される資金であり、損益計算においても法人の業務の遂行によって最終的に収益計上されるものであるので、その収入額を業務活動によるキャッシュ・フローの区分に表示する。
4 国又は地方公共団体から交付される補助金等については、国立大学法人等が行う業務の財源として交付される資金であり、損益計算書においても法人の業務の遂行によって最終的に収益計上されるものもあるので、その収入額を業務活動によるキャッシュ・フローの区分に表示する。
5 なお、教育研究の実施による収入等、業務活動に係る債権・債務から生ずるキャッシュ・フローは、業務活動によるキャッシュ・フローの区分に表示する。」

簡単に言ってしまえば、国立大学法人等の本業である教育・研究及び診療に係る収支を業務活動としているのです。

この業務活動によるキャッシュ・フローの区分には、例えば次のような項目が記載されることになります。

「(1) 原材料、商品又はサービスの購入による支出
　(2) 人件費支出（教職員及び役員に対する報酬の支出）
　(3) その他の業務支出
　(4) 運営費交付金収入
　(5) 授業料収入、入学金収入、検定料収入、附属病院収入、受託研究等収入、受託事業等収入など教育研究の実施による収入
　(6) 補助金等収入

第❼章 キャッシュ・フロー計算書

　(7)　補助金等の精算による返還金の支出
　(8)　寄附金収入（「第82　寄附金の会計処理」により資本剰余金として計上されるものを除く）
　(9)　国庫納付金の支出額」(注解43)

　最初に出てくる「(1)原材料、商品の購入」というとなんとなく違和感がありますが、そのほかの項目はよく分かります。「(9)国庫納付金」とは、利益処分によって経営努力認定がなされなかった積立金を国庫に返納した際にここに記載することになります。

　表示方法については、

　「……主要な取引ごとにキャッシュ・フローを総額表示する方法により表示しなければならない。」(基準第65) としています。

3．投資活動によるキャッシュ・フローとは

　投資活動といいますと有価証券への投資を連想しますが、「投資活動によるキャッシュ・フローの区分には、固定資産の取得及び売却、投資資産の取得及び売却等によるキャッシュ・フローを記載する。」(基準第64) というように、校舎や機械装置等への投資やその売却がまず登場します。また、利息の受取と支払に関しては、区分が異なることになります。「利息に係るキャッシュ・フローについては、受取利息及び受取配当金は投資活動によるキャッシュ・フローの区分に記載し、支払利息は財務活動によるキャッシュ・フローの区分に記載する。」(基準第64) としています。有価証券への投資による利息は投資によるものなので、投資活動の区分ですが、借入金に対する支払利息は資金調達のための借入なので、財務活動の区分に記載するのです。

　また注解42に

　「6　投資活動によるキャッシュ・フローの区分には、固定資産の取

得など、将来に向けた運営基盤の確立のために行われる投資活動に係る資金の状態を表すため、国立大学法人等の通常の業務活動の実施の基礎となる固定資産の取得及び売却、投資資産の取得及び売却等によるキャッシュ・フローを記載する。
7　国立大学法人等に対して国又は独立行政法人国立大学財務・経営センターから交付される施設費については、その収入額を投資活動によるキャッシュ・フローの区分に表示する。
9　国立大学法人等の場合、準則通則法第47条で余裕金の運用先を安全資産に限ってはいるが、外部資金による資産運用等により利息収入等を見込めることから、利息の表示区分としては、損益の算定に含まれる受取利息及び受取配当金は投資活動によるキャッシュ・フローの区分に記載し……」

と説明しています。

この投資活動によるキャッシュ・フローの区分には、例えば次のような項目が記載されることになります。

「⑴　有価証券の取得による支出
　⑵　有価証券の売却による収入
　⑶　有形固定資産及び無形固定資産の取得による支出
　⑷　有形固定資産及び無形固定資産の売却による収入
　⑸　施設費による収入
　⑹　施設費の精算による返還金の支出
　⑺　国立大学財務・経営センターへの納付による支出
　⑻　金銭出資による支出
　⑼　資産除去債務の履行による支出
　⑽　利息及び配当金の受取額」（注解44）

しかし、通常の業務活動として実施される出資及び貸付による支出

等については、業務活動によるキャッシュ・フローの区分に記載します。

また、利息の表示については、

「利息の受取額及び支払額は、総額で表示するものとする。」(注解46)としており、受取額と支払額を相殺してはなりません。

同様に、表示方法は、

「……主要な取引ごとにキャッシュ・フローを総額表示する方法により表示しなければならない。」(基準第65)としています。

4．財務活動によるキャッシュ・フローとは

財務活動とは、主に資金調達とその返済が該当し、

「……資金の調達及び返済によるキャッシュ・フローを記載する。」(基準第64)としており、「財務活動によるキャッシュ・フローの区分には、増減資による資金の収入・支出、債券の発行・償還及び借入れ・返済による収入・支出等、資金の調達及び返済によるキャッシュ・フローを記載する。」(注解42)としています。

この財務活動によるキャッシュ・フローの区分には、例えば次のような項目が記載されることになるのです。

「(1)　短期借入れによる収入
(2)　短期借入金の返済による支出
(3)　債券の発行による収入
(4)　債券の償還による支出
(5)　長期借入れによる収入
(6)　長期借入金の返済による支出
(7)　金銭出資の受入による収入
(8)　民間出えん金（「第82　寄附金の会計処理」により、資本剰余金に計上される寄附金に限る。）の受入による収入

(9)　利息の支払額」(注解45)

　また、表示方法については他の区分と同様に、「……主要な取引ごとにキャッシュ・フローを総額表示する方法により表示しなければならない。」(基準第65)としています。

5. 注記事項について

　キャッシュ・フロー計算書に注記しなければならない事項としては、
「(1)　資金の期末残高の貸借対照表科目別の内訳
　(2)　重要な非資金取引
　(3)　各表示区分の記載内容を変更した場合には、その内容」(基準第67)
の3項目です。この(1)では、キャッシュ・フロー計算書の最後の行が、資金期末残高となっており、その金額と貸借対照表の流動資産に計上されている金銭資産が一致します。現金及び預金の合計額がキャッシュ・フロー計算書の期末残高に合致するはずですが、その他の金銭資産を含むこともあり得ますので、その点を注記するのです。

　(2)の重要な非資金取引とは、
「(1)　現物出資の受入れによる資産の取得
　(2)　資産の交換
　(3)　ファイナンス・リースによる資産の取得
　(4)　PFIによる資産の取得
　(5)　重要な資産除去債務の計上」(注解47)
が列挙されています。

　(1)の現物出資は、金銭に代えて物で出資することです。国立大学法人等が平成16年4月に設立された折にこの現物出資が行われ、キャッシュ・フローを伴わない取引になります。(2)は資産の交換ですので、

第7章 キャッシュ・フロー計算書

金銭の移動は起きません。国立大学法人同士での資産の交換を行いますと、各資産種別ごとでの増減は起こりますが、キャッシュ・フローを伴いません。(3)のファイナンス・リースは既に第3章で説明していますが、リース契約上は物の賃貸借となっていますが、経済的実態は物の売買と考えることになりますので、資産の取得となります。しかし、代金はリース期間に亘って分割払いになりますので、資産は取得していますが、キャッシュ・フローは一時に生じません。(4)PFIですが、「PFI (Private Finance Initiative) とは、公共施設等の建設、維持管理、運営等を民間の資金、経営能力及び技術的能力を活用して行う手法である。」(Q&A29-6) のことです。国や地方自治体で民間活力を活用する手段として広く海外で採用されている手法を国内に取り入れたものです。この方法によって学生寮を建設した大学法人もあります。PFIでは契約内容によって処理が異なることになりますが、PFI契約によって資産を取得した場合には、その取得代金は相当期間の延べ払いとなりますので、資金的には前述のファイナンス・リースと同様のことが起こります。(5)の資産除去債務ですが、所有している資産の将来の法定の除去費用を見積もって計上するものです。実際に除去費用が発生し、資金が支出されるのは、その資産の除去作業が行われる時点ですので、資産除去債務が計上された時点ではありません。

第8章

利益の処分又は損失の処理に関する書類

　一般企業では最大利益の稼得が経営の目的ですが、国立大学法人等では教育・研究活動の効率的な運営が目的であり、利益の稼得を目的にはしていません。そして、損益計算書で算出された利益の処分においても、その違いが表れています。

8-1 利益の処分又は損失の処理に関する書類の作成目的

　国立大学法人等に準用適用される独立行政法人通則法第44条に、利益及び損失の処理が定められています。

　「独立行政法人は、毎事業年度、損益計算において利益を生じたときは、前事業年度から繰り越した損失をうめ、なお残余があるときは、その残余の額は、積立金として整理しなければならない。」とされており、国立大学法人等もこの規定に従って処理することになります。

　この利益の処分又は損失の処理に関する書類に関しては、「利益の処分又は損失の処理に関する書類は、国立大学法人等の当期未処分利益の処分又は当期未処理損失の処理の内容を明らかにするために作成しなければならない。」（基準第44）と、作成目的を示しています。

　一般企業では、稼得した利益は出資者である株主のものということになり、配当金として分配し、残余を更なる利益の稼得のための財産的な裏付けのために、積立金として会社に残すことになります。一方国立大学法人等ですと、出資者は国ということになりますから、利益は国のものになり、その国の判断で処分方法が決まります。もちろん国立大学法人等の基本的な設立の趣旨である非営利という性格上、最大利益の稼得を目指すものではなく、限られた財源によってより効率的な組織の運営をしなければなりません。ですから、利益処分といっても、配当金として国に分配するのではなく、稼得した利益の有効な使い方を決めることになるのです。毎年6月末迄に文部科学大臣に提出する前年度の財務諸表を構成するこの書類には、「利益の処分または損失の処理に関する書類（案）」となっており、処分又は処理は国

の判断を受けて確定することになり、そこで初めて「(案)」が取れて、利益処分が確定することになります。

　では、私立の学校法人ではどうなっているのでしょうか。以前にも解説しているように学校法人では損益計算書なる決算書は存在しませんので、利益処分そのものもありません。損益計算書に近似している計算書類として消費収支計算書がありますが、当期純利益に相当する概念は（帰属収入－消費支出）です。その収支差額については翌年度に繰り越されるだけで、処分するという手続はありません。

8-2 利益の処分又は損失の処理に関する書類の表示区分

1．利益の処理に関する書類

　利益の処理に関する書類の様式は基準第 72 に示されています。その表示区分は、当期未処分利益と利益処分額の二つとなります。

　「当期未処分利益は、前期繰越欠損金が存在するときは、当期総利益から前期繰越欠損金の額を差し引いて表示しなければならない。」（基準第 69）としています。

　この当期未処分利益を受けて、利益処分の区分に移ります。「利益処分の区分には、積立金及び目的積立金を内容ごとに表示するものとする。」（基準第 69）としており、利益処分は積立金か目的積立金かのいずれかの科目に計上することになります。

　次に実際の利益の処分に関する書類を示します。（国立大学のホームページより引用したのですが、何故か（案）が付いているのです。）

利益の処分に関する書類（案）

（単位：円）

Ⅰ	当期未処分利益		1,122,028,027
	当期総利益	1,122,028,027	
Ⅱ	利益処分額		
	積立金	484,657,456	
	国立大学法人法第 35 条において準用する独立行政法人通則法第 44 条第 3 項により文部科学大臣の承認を受けようとする額		
	教育研究診療環境整備積立金	637,370,571	1,122,028,027

（岡山大学ホームページより）

この積立金になるのか、目的積立金になるのかには大きな違いがあります。文部科学大臣によって計上された当期未処分利益の内、国立大学法人等の経営努力の成果として認定された額が目的積立金に処理され、それ以外の額が積立金となります。

2. 損失の処理に関する書類

損失の処理に関する書類の様式も基準第72に示されています。そして、具体的な処理に関しては、

「1　当期未処理損失は、前期繰越欠損金が存在し、当期総損失を生じた場合は当期総損失に前期繰越欠損金を加えて表示し、前期繰越欠損金が存在し、その額よりも小さい当期総利益を生じた場合は、前期繰越欠損金から当期総利益を差し引いて表示しなければならない。

2　損失処理額の区分には、当期未処理損失を埋めるための各積立金の取崩額を積立金ごとに表示しなければならない。

3　各積立金を取り崩しても当期未処理損失が埋まらないときは、その額は繰越欠損金として整理しなければならない。」（基準第70）

としています。

国立大学法人等で赤字決算をした例は少なく、多くは黒字決算が続いており、利益処分によって目的積立金や積立金が嵩んでいっています。上記のように、もし予算額をオーバーして費用・損失が嵩んだ場合には繰越欠損金が生じる決算を組むことも考えられます。

上記の「……当期未処理損失を埋めるための各積立金の取崩額を積立金ごとに表示しなければならない。」とありますが、欠損金の穴埋めをするために、積立金と目的積立金のいずれを先に取り崩すのかに

第❽章　利益の処分又は損失の処理に関する書類

ついては明文規定がありません。この件について、「……基準ではどちらの積立金を優先的に損失の補塡にあてるかについては定められてはいない。これは当該事業年度に係る損失処理計算書において、生じた損失をどの積立金から補塡するかについて個別にその額を明らかにし、文部科学大臣の承認を得ることにより行えば足り、あらかじめその優先順位について一義的に定めておく必要はないという趣旨である。」(Q&A70-1) としています。

前期繰越欠損金に加えて、当期総損失がある、「損失の処理に関する書類」の開示例です。

損失の処理に関する書類（案）

(単位：円)

Ⅰ	当期未処理損失		1,538,265,756
	当期総損失	241,873,159	
	前期繰越欠損金	1,296,392,597	
Ⅱ	損失処理額		――
Ⅲ	次期繰越欠損金		1,538,265,756

(岐阜大学ホームページより)

次に当期総利益で前期繰越欠損金を穴埋めしている開示例です。

利益の処分に関する書類（案）
(平成23年6月30日)

(単位：円)

Ⅰ	当期未処分利益			1,656,471,150
	当期総利益		2,187,195,207	
	前期繰越欠損金	△530,724,057		
Ⅱ	利益処分額			
	積立金		1,656,471,150	1,656,471,150

(岐阜大学ホームページより)

8-3 経営努力認定について

「利益の処分に関する書類（案）」を文部科学省に提出すると、この案に関して評価委員の意見を聴取して、文部科学大臣が利益処分を確定することになります。未処分利益を目的積立金として整理するか、それとも積立金となるかが決まるわけです。

「国立大学法人法第35条において準用する独立行政法人通則法第44条第3項により文部科学大臣の承認を受けた額」が当該事業年度における経営努力により生じた利益と認められることになります。この承認を受けるためには、国立大学法人等が自らその根拠を説明しなければなりません。

では、経営努力認定を受ける利益とはいかなるものでしょうか。具体的には、

「(1) 運営費交付金及び国又は地方公共団体からの補助金等に基づく

第8章　利益の処分又は損失の処理に関する書類

収益以外の収益から生じた利益については、経営努力により生じたものとする。

(2)　運営費交付金に基づく収益から生じた利益については、中期計画（年度計画）の記載内容に照らして、運営費交付金により行うべき業務を効率的に行なったために費用が減少した場合、その結果発生したものについては、原則として経営努力によるものとする。」（＜参考＞経営努力認定の考え方について）とされています。利益の源泉を説明する資料を用意して、「利益の処分に関する書類（案）」を作らなければなりません。

第9章

国立大学法人等業務実施コスト計算書

　この計算書は一般企業では作成していない、独立行政法人及び国立大学法人等の特色を表している財務諸表の一つです。そして、法人の存立の意義を説明するための重要な財務諸表と考えられます。一般企業では目にすることのない内容ですので、読者の理解を得るような工夫が必要になります。大学によっては、ホームページ上で公表している財務諸表の内容について解説をしている例がありますが、この計算書こそ解説が必要です。

9-1 国立大学法人等業務実施コスト計算書の意義

1. 国立大学法人等業務実施コスト計算書とは

　国立大学法人等の財務諸表を構成するこの業務実施コスト計算書は、一般企業をはじめ私立の学校法人でも作成されていない計算書類です。

　国立大学法人等業務実施コストの定義は、
「国立大学法人等の国立大学法人等業務実施コストとは、国立大学法人等の業務運営に関して、国民の負担に帰せられるコストをいう。」
（基準第23）されています。簡略な表現ですが、国費を主な財源として運営されている国立大学法人等の存在意義を問うものです。

　この業務実施コスト計算書の作成目的を、
「国立大学法人等業務実施コスト計算書は、納税者である国民の国立大学法人等の業務に対する評価及び判断に資するため、一会計期間に属する国立大学法人等の業務運営に関し、国立大学法人等業務実施コストに係る情報を一元的に集約して表示する。」（基準第45）
と説明しています。

　この大学がこれほど少ない国費負担で運営されていると評価されるのか、これほど多額な国費をつぎ込んでまで運営されているのかと批判されるのか、この計算書はこのような評価及び判断を受ける重要な情報を提供しているのです。地域医療に貢献している数多くの医師を輩出しているのに、一方では、司法試験に合格者を出していないのに、入学定員未達の状態が続いているのに、等々の評価と非難があろうかと思います。運営に要した総コストから国費を除く収益を差し引くこ

とで、実質的に国費が負担している純額を示しています。

2. 国立大学法人等業務実施コスト計算書の作成プロセス

　財務諸表は複式簿記の手法によって記帳された帳簿より、各勘定科目の合計額を一表に集計して作成されます。会計基準の一般原則にある「正規の簿記の原則」を見てください。ここには、「国立大学法人等の財務諸表は、正確な会計帳簿に基づき作成し、相互に整合性を有するものでなければならない。」（基準第2）としています。しかし、この業務実施コスト計算書は、この複式簿記による記録以外の数値も用いて作成される例外的な存在です。

「1　国立大学法人等業務実施コスト計算書は、国立大学法人等の財務諸表を構成する書類の一つであり、基本的には正確な会計帳簿に基づき作成されるべきものである。

2　しかし、国立大学法人等業務実施コスト計算書には、その性格上一定の仮定計算に基づく機会費用を含むことから、会計帳簿によらないで作成される部分が存することに留意する必要がある。その場合には、当該部分の作成根拠等を注記等によって開示しなければならない。」（注解3）

第9章　国立大学法人等業務実施コスト計算書

　ですから、業務実施コスト計算書に記載する数値は、正規の帳簿から離れて一定の前提・条件の下で算出した数値も使われているのです。

　この業務実施コスト計算書は一般企業等で作成されるものではありませんので、極めて馴染みが薄く、内容に分かり難い点が多々あります。企業会計では見ることのない名称の科目が表示されていますので、その計上理由と算出方法について説明しませんとこの計算書の理解を得られません。（会計分野の専門家である公認会計士は26千人以上いますが、この業務実施コストが分かるのはごく少数ですので。）そして、財務諸表の読者である国民の理解を得られるように、各国立大学法人等でホームページを有効に活用して、特殊な表示科目と計算書が表そうとしている主旨を充分に伝えなければなりません。財務諸表は読者の理解を得るために作成され、開示されているのですから。

9-2 国立大学法人等業務実施コスト計算書の表示内容

　国立大学法人等業務実施コスト計算書に記載する数値は大きく分けて3つのカテゴリーになります。

1. 損益計算書の数値を記載するもの

　まず、国立大学法人等業務実施コスト計算書の1番目に表示します業務費用を計算することになります。ここでは損益計算書に計上している額のうち、国費で賄っているものを除外する方法で示すことになります。

① 国立大学法人等を運営することで発生した費用の総額を把握します。これには経常費用に計上されている業務費、一般管理費、財務費用、雑損、臨時損失等の合計額になります。

② 国立大学法人等の自己収入の額の合計額の把握です。経常収益から運営費交付金収益、施設費収益、補助金収益、国からの研究関連収入、国からの資金を財源にした資産見返勘定戻入等は自己収入から除外されます。

2. 貸借対照表の純資産の部の増減から記載するもの

　本来コストが計上されるのは損益計算書ですが、国立大学法人等特有の会計処理によって、損益計算書を通さずに直接貸借対照表の純資産の部に計上する項目があります。この項目も国立大学法人等を運営していくために要している価値の減少ですので、コストと考えてこの業務実施コスト計算書に記載するのです。

① 損益外減価償却相当額
② 損益外減損損失相当額
③ 損益外利息費用相当額
④ 損益外除売却差額相当額

3. 他のいずれの財務諸表には計上されていませんが、当然発生しているコストと認識して、計上しているもの

① 引当外賞与増加見込額
② 引当外退職給付増加見積額
③ 機会費用

9-3 国立大学法人等業務実施コスト計算書の表示区分

　国立大学法人等業務実施コスト計算書の標準的な様式は、基準第74に示されており、実際に開示されている業務実施コスト計算書を次ページに掲載します。

　様式の各区分を順を追ってみていきましょう。

1．業務費用

　「国立大学法人等の損益計算書上の費用から運営費交付金及び国又は地方公共団体からの補助金等に基づく収益以外の収益を控除した額」（基準第24(1)）

　これは損益計算書ベースで捉えた国立大学法人等の運営に要した費用額を計算しています。ですから、国又は地方公共団体から収受した収益以外の、いわゆる自己収入を差し引いた額が実質的に国及び地方公共団体が負担している費用ということになります。

2．損益外減価償却相当額

　「「第84　特定の償却資産の減価に係る会計処理」を行うこととされた償却資産の減価償却相当額」（基準第24(2)）

　国立大学法人等に固有の会計処理である資産の取得を資本取引とする処理によって生じる会計処理で、減価償却額を損益計算書に計上するのではなく、直接純資産から控除している減価償却相当額としています。国立大学法人等の運営によって時間の経過に伴って発生している資産の減価は、損益計算書に計上していないものであっても、当然

のことですが国立大学法人等にはコストとなります。それをこの区分で認識しているのです。

3. 損益外減損損失相当額

「別添の規定により、国立大学法人等が中期計画等で想定した業務運営を行ったにもかかわらず生じた減損額」(基準第24(6))

減損処理に関しては第12章で解説していますが、基準に「別添の規定」という表現があります。減損会計は企業会計で新たに導入された基準に倣って追加して取り入れたため、当初の会計基準とは別立てで規定されたのです。減損処理による損失は、本来損益計算書に費用として計上されるのですが、上記の「中期計画等で想定した業務運営を行ったにもかかわらず」減損が生じた時には、損益計算書には計上せず、貸借対照表の純資産から控除しているのです。しかし、国立大学法人等を運営するために、保有している資産の減損という損失が生じたのですから、国立大学法人等を運営するためのコストになります。

国立大学法人等業務実施コスト計算書
(平成24年4月1日～平成25年3月31日)

(単位:円)

I 業務費用

(1) 損益計算書上の費用
業務費 58,581,598,853
一般管理費 1,482,817,448
財務費用 455,911,691
雑損 11,245,918
臨時損失 101,910,286 60,633,484,196

(2) (控除) 自己収入等
授業料収益 △ 6,946,264,771
入学金収益 △ 955,885,700
検定料収益 △ 176,127,700
附属病院収益 △ 28,178,319,350
受託研究等収益 △ 1,255,893,556
受託事業等収益 △ 425,444,593

9-3 国立大学法人等業務実施コスト計算書の表示区分

寄附金収益	△ 1,907,172,660		
財務収益	△ 41,603,617		
雑益（研究関連収入を除く）	△ 814,930,546		
資産見返寄附金戻入	△ 541,676,479		
建設仮勘定等見返寄附金戻入	△ 1,811,832		
臨時利益	△ 80,930	△ 41,245,211,734	

業務費用合計		19,388,272,462
Ⅱ 損益外減価償却相当額		2,480,233,339
Ⅲ 損益外減損失相当額		7,411,650
Ⅳ 損益外利息費用相当額		743,653
Ⅴ 損益外除売却差額相当額		94,345,172
Ⅵ 引当外賞与増加見積額		△ 13,006,829
Ⅶ 引当外退職給付増加見積額		△ 1,149,066,017
Ⅷ 機会費用		
国又は地方公共団体の財産の無償又は減額された使用料による貸借取引の機会費用	179,863,943	
政府出資の機会費用	413,708,361	593,572,304
Ⅸ （控除）国庫納付額		0
Ⅹ 国立大学法人等業務実施コスト		21,402,505,734

（岡山大学ホームページより）

4. 損益外利息費用相当額

「「第89　資産除去債務に係る特定の除去費用等の会計処理」を行うこととされた除去費用等に係る減価償却相当額及び利息費用相当額」（基準第24(7)）での「利息費用相当額」のことです。ここで言っている「減価償却相当額」は上記「2. 損益外減価償却相当額」に含まれて処理されており、この利息費用とは除去費用を計算する際に、将来発生する費用ですので、割引率を用いて現在価値に割り戻しているため、毎年この割り引いた費用を加算しなければならないのです。その加算分を利息費用相当額として計上しているのです。

5. 損益外除売却差額相当額

　この項目については、基準24には記載されてはいません。政府から出資された土地を譲渡し、手元に残った資金を固定資産の取得という資本的支出に充てた場合、「……譲渡取引により生じた譲渡差額及び譲渡取引に係る費用については、国立大学法人等業務実施コストに属するものとし、国立大学法人等業務実施コスト計算書において、損益外除売却差額相当額の科目に表示しなければならない。」(注解67)としています。また、施設費を財源として償却資産を取得した場合には資本取引とされています。このような資産を除売却した場合の除売却損も資本取引とされるため、この除売却損が損益計算書に計上されることはなく、資本剰余金から控除されます。そのためこの除売却損も結果として国民が負担しているコストということになります。

6. 引当外賞与増加見積額

　「「第85　賞与引当金に係る会計処理」により、引当金を計上しないこととされた場合の賞与増加見積額」(基準第24(3))

　これは、3-3で説明しました引当対象外の賞与引当金に関するものです。運営費交付金によって支給財源が確保されている賞与については、年度末に翌期に支払うべき賞与に関して引当金を計上しないのです。しかし、各年度の発生費用を把握するためには、既に教職員の方が提供している労務の対価としての賞与債務を認識して、それを当該年度のコストと考えるのです。ここでは、前年度末と当年度末のそれぞれの引当対象外賞与引当金の差額を計上することになります。何故増加見積額なのか？ですが、次の数値例で説明します。

〔数値例〕

引当外賞与見積額　　　　前期末　　250　　　当期末　　280
当期賞与支給額　　　　　930

損益計算書では現金主義による実際の支給額930が計上されます。これに対して発生主義による賞与負担額は、

当期賞与支給額－前期末賞与引当金＋当期末賞与引当金＝当期賞与負担額となりますので、

930－250＋280＝960

となります。

しかし、業務実施コスト計算書で計上している業務費に含まれている賞与支給額は現金主義による金額になっていますので、これを発生主義に替えなければなりません。ですので、280－250＝30を業務実施コスト計算書に追加計上しなければならないです。

7. 引当外退職給付増加見積額

「「第86　退職給付に係る会計処理」により、引当金を計上しないこととされた場合の退職給付の増加見積額」（基準第24(4)）

これも、3-3で説明しました引当対象外の退職給付引当金に関するものです。賞与引当金と同じ考え方です。同様に数値例で考えてみましょう。

〔数値例〕

引当外退職給付見積額　　前期末　　42,720
　　　　　　　　　　　　当期末　　43,990
当期退職給付支給額　　　1,560

損益計算書には実際に支払った退職金1,560が計上されているだけですが、当期が負担しなければならない労務費用は既に発生している

第❾章　国立大学法人等業務実施コスト計算書

退職給付債務の増加額も含まれます。

そこで、

当期退職金支給額＋（当期末引当外退職給付見積額－前期末引当外退職給付見積額）

で算出します。

∴　1,560＋（43,990－42,720）＝2,830

が発生主義による退職給付負担額になります。損益計算書には、1,560しか計上されていませんので、1,270を引当外退職給付増加見積額として、業務実施コスト計算書に計上します。

8. 機会費用

「国または地方公共団体の資産を利用することから生ずる機会費用
ア　国又は地方公共団体の財産の無償又は減額された使用料による貸借取引から生ずる機会費用
イ　政府出資等から生ずる機会費用
ウ　国又は地方公共団体からの無利子又は通常よりも有利な条件による融資取引から生ずる機会費用」（基準第24(5)）

この機会費用も、正規の簿記の原則から逸脱して、別途算出する数値です。

アの貸借取引ですが、国又は地方公共団体の財産を借りている場合、「市場によって提供されたとしたら支払うべきであろうコストと実際の支払額との差額を意味するものであり、民間における参考事例がない場合であっても何らかの合理的な仮定計算を行うことが必要である。」（Q＆A75-1）というように、国立大学法人等であることで無償又は低廉な賃借料で利用している場合に、民間での第三者間取引であった場合に支払う賃借料との差額を機会費用として開示することになり

ます。

　イの出資に係る機会費用ですが、もし政府からの出資金を他に投資したら政府が得られたであろう運用果実が、国立大学法人等に提供されたと考えるのです。では、「政府出資等」とはどこまでを含むのかですが、「資本金のうち政府出資金に「第78　運営費交付金等の会計処理」、「第79　施設費の会計処理」及び「第80　補助金等の会計処理」による会計処理を行った結果資本剰余金に計上された額を加算し、「第84　特定の償却資産の減価に係る会計処理」による損益外減価償却累計額及び損益外減損損失累計額及び「第89　資産除去債務に係る特定に除去費用等の会計処理」による損益外減価償却累計額及び損益外利息費用累計額を控除した政府出資等の純額」（注解48）までの金額となります。やや分かり難いかもしれませんが、政府が実質的に出資したと考えられる金額になります。その金額に「一定の利率」を乗じて機会費用を算出するのですが、その利率は「決算日における10年物国債の利回り」（Q＆A75-2）を用いることになります。

　ウの融資取引による機会費用ですが、「当該融資の各事業年度における平均残高に通常の調達利率と実際の融資利率との差の利率を乗じて計算する」とされており、その利率は政府出資等の機会費用を算定する際に用いる「決算日における10年物国債の利回り」（Q＆A75-9）によることになります。

9. 国庫納付額

　この国庫納付額については、「業務費用に計上されている国庫納付額を控除項目として計上する。」（基準第73）とされており、国立大学法人等の運営に要した費用ではなく、出資者への返還金ですので一旦コストに算入された国庫納付額を控除するのです。

9-4 国立大学法人等業務実施コスト計算書の注記

　国立大学法人等業務実施コスト計算書に関する注記に関しては、「国立大学法人等業務実施コスト計算書には、次の事項を注記しなければならない。
(1)　国又は地方公共団体の財産の無償又は減額された使用料による貸借取引の機会費用があるときは、その計算方法
(2)　政府出資等の機会費用があるときは、計算に使用した利率
(3)　政府又は地方公共団体からの無利子又は通常よりも有利な条件による融資取引の機会費用があるときは、計算に使用した利率」(基準第75)
以上を注記することになります。

第10章

附属明細書及び注記

　国立大学法人等が作成する財務諸表は、読者である国民に国立大学法人等の財政状態と運営状況を分かりやすく伝達するのが第一の目的です。しかし、公表する財務諸表があまりに詳細な内容に終始しますと、読者には分かりにくいものとなってしまい、せっかくの情報が十分に利用されないことになってしまいます。財務諸表はより簡潔に、そして明瞭に表示することに努めるべきであり、表示されている数字の詳細な内容については別途作成される明細資料に譲ることにしています。そして、財務諸表を読みこなすための追加情報を注記という形で補完しています。

10-1 附属明細書の意義

　財務諸表のうち、貸借対照表、損益計算書、キャッシュ・フロー計算書、利益の処分又は損失の処理に関する書類、国立大学法人等業務実施コスト計算書は1ページに、多くても2ページに収まるボリュームで、開示する様式や勘定科目名も会計基準で定められています。読者にとってより分かりやすく、そして比較可能性を保持した明瞭表示が活かされています。

　このように主な財務諸表の表示が簡素化されている一方、そこに記載されている勘定科目のより詳細な情報を提供するために明細書を作成することになります。会計基準の設定時に想定していたのは、一般の会社が準拠している会社法に定めている附属明細書でした。当初の様式も会社法の定型フォームを叩き台にして作成されました。ですから、表示方法も文言を入れ換えたものからスタートして加筆修正が加えられ現在に至っています。株式公開会社等が作成している財務諸表には、記載内容が類似している附属明細表がありますが、根拠法令が異なるだけで意図しているところは同じです。

　「国立大学法人等は、貸借対照表及び損益計算書等の内容を補足するため、次の事項を明らかにした附属明細書を作成しなければならない。」(基準第76) としています。

10-2 附属明細書の表示

　一般企業は会社法・会社計算規則に従って附属明細書を作成しており、国立大学法人等の附属明細書は会社計算規則の定めに準拠して様式を検討しました。ただし、作成を求められている明細書の量は断然国立大学法人等が多く、多くの勘定科目にわたる明細資料が作成されています。記入する数値は会計記録を加工して用いることになります。

　基準に定める附属明細書を列挙してみましょう。

(1) 固定資産の取得及び処分、減価償却費並びに減損損失の明細
(2) たな卸資産の明細
(3) 無償使用国有財産の明細
(4) PFIの明細
(5) 有価証券の明細
(6) 出資金の明細
(7) 長期貸付金の明細
(8) 長期借入金の明細
(9) 国立大学法人等債の明細
(10) 引当金の明細
(11) 資産除去債務の明細
(12) 保証債務の明細
(13) 資本金及び資本剰余金の明細
(14) 積立金等の明細及び目的積立金の取崩しの明細
(15) 業務費及び一般管理費の明細
(16) 運営費交付金債務及び運営費交付金収益の明細

第10章 附属明細書及び注記

⒄　国等からの財源措置の明細
⒅　役員及び教職員の給与の明細
⒆　開示すべきセグメントの情報
⒇　寄附金の明細
(21)　受託研究の明細
(22)　共同研究の明細
(23)　受託事業等の明細
(24)　科学研究費補助金の明細
(25)　上記以外の主な資産、負債、費用及び収益の明細

　国立大学法人等の規模にもよりますが、附属明細書は相当のボリュームになります。

　上記の附属明細書の様式は、実務指針の76-1に各明細書ごとに示されています。

10-3 セグメント情報について

1. セグメント情報の検討の推移

　附属明細書の中で大いに議論を巻き起こしたのが、このセグメント情報です。一般の会社では会社法の規定に従った付属明細書を作成しますが、セグメント情報はありません。また公開会社等に適用されている金融商品取引法ではセグメント情報の開示は付属明細表ではなく、注記事項の一つとして、表形式による開示が求められています。

　平成16年の国立大学等の法人化の際に、このセグメント情報の区分及び表示の仕方について各大学より多くの意見が実務指針の検討会議に寄せられました。ある大学では学内の各部署を細分化してセグメント区分をすると、およそ150のセグメントとなったとか、200以上のセグメントになるという情報が寄せられて、収拾がつかなくなりました。当時セグメント情報を検討する際に叩き台にしていましたのが、学校法人会計基準で作成しています内訳書でした。この内訳書には「資金収支内訳書」と「消費収支内訳書」があり、ここに記載されている部門が学校のセグメントを構成していると考えられるのです。

　具体的には、

「一　学校法人（これは法人本部を指します）
　二　各学校（学校法人が設置する大学、短期大学、高等学校、中学校等）
　三　研究所
　四　各病院（医科系学校法人は複数の附属病院を設置している例が多く、病院ごとに区分します）

五　農場、演習林その他前2号に掲げる施設の規模に相当する規模を有する各施設」(学校法人会計基準第13条)
としており、大学は学部ごとに、短期大学は学科ごとに、高等学校は課程ごとに、学部に対応しない大学院も1つの部門として認識します。この区分で考えますと、総合大学でも20～30の部門分けになります。

それでは、国立大学法人等では如何するかという結論が出ないまま、法人化初年度を迎えました。法人化による財務諸表の開示が落ち着いたところで、セグメントのあり方について一定の方針を定めるという方向で数年が経過し、現在に至っています。

2. セグメント情報の開示について

セグメント情報には特段の検討が行われています。
「1　国立大学法人等における開示すべきセグメント情報は、当該法人の業務内容等に応じた適切な区分に基づくセグメント情報とする。
　2　開示すべき情報は、業務収益、業務損益及び当該セグメントに属する総資産額とする。」(基準第40)
と基準で示しており、より詳しくは、
「1　国立大学法人等は、業績評価のための情報提供等による国民その他の利害関係者に対する説明責任を果たす観点から、その業務の内容が多岐にわたる場合、区分及び開示内容について企業会計で求められるよりも詳細なセグメントに係る財務情報を開示することが求められる。
　2　このため、開示すべき情報についても、主要な資産項目、主要な事業費用及び主要な事業収益の内容を積極的に開示する必要がある。

10-3 セグメント情報について

　　3　セグメントの区分については、運営費交付金に基づく収益以外の収益の性質や複数の業務を統合した法人における業務の区分を参考にしつつ、各国立大学法人等において個々に定めていくこととする。ただし、比較可能性の確保の観点から、一定のセグメント情報については、全ての国立大学法人等において共通に開示する必要がある。」（注解36)

としています。この「各国立大学法人等において個々に定めていくことにする。」ということが、各法人を悩ませた点で、お互いに周りを見ながら「全ての国立大学法人等において共通に開示する必要がある。」を意識してセグメントの区分について検討してきました。

　実際の開示では、法人化初年度の平成16年度から推敲が重ねられてきており、多くの大学では少ないセグメント区分から始まりました。もちろん工業大学等の単科大学ではセグメント区分がないとして、この明細書の作成を省略しており、現在に至っています。複数学部や附属病院を有する大学では、まず附属病院と大学・大学院等の教育研究部門といった大きな区分で始め、逐次セグメント数を増やしてきました。大学の規模によってセグメント数は異なり、工業大学等の単科大学では単一セグメントと考えて、セグメント情報の開示は省略していますし、教育系大学では学部と附属学校の2つのセグメントに、その他の大学では学部と研究所等の数セグメントに区分しています。ちなみに旧帝国大学の多くでは、大学又は研究科・学部等、附属病院、附属学校、共同利用拠点又は研究所等、そして法人共通という区分になっています。ただ、1法人だけ突出して多く、法人共通を含め49のセグメントを開示している例もあります（あまりにセグメントが多すぎて、この法人では何を読者に伝えようとしているのか理解できませんでしたが）。また旧6クラスの法人でも5乃至7のセグメントに区分して

開示しています。

　現状は定型的な雛形もなく、学校法人会計基準のような規定も定められていません。今後、どのような区分でセグメント情報を開示することが、読者である国民の理解を得られるのか検討する必要があります。ただ、学校法人が開示している財務情報では、資金収支及び消費収支共に内訳書は含まれていません。一般的な傾向ですが、文系学部に比べて理系・医系学部の方が経費が嵩んでおり、学生が負担する授業料との対比により不公平感が露出されるおそれがありますので、どのような観点からセグメントを捉えて開示すべきか、「国民その他の利害関係者に対する説明責任を果たす観点」から充分に検討する必要があるでしょう。

10-4 注記の意義

　財務諸表の記載内容について分かりやすく解説をするのが注記です。財務諸表は基準に示された様式に沿って勘定科目ごとに数値を埋めていくことになりますが、その数値に関する追加情報を伝えることになります。

「1　国立大学法人等の財務諸表には、重要な会計方針、重要な債務負担行為、その作成日までに発生した重要な後発事象、固有の表示科目の内容その他国立大学法人等の状況を適切に開示するために必要な会計情報を注記しなければならない。

2　重要な会計方針に係る注記事項は、まとめて記載するものとする。その他の注記事項についても、重要な会計方針の注記の次に記載することができる。」（基準第77）

　この重要な会計方針等の記載については、企業会計に倣ったものでその記載内容もほぼ同様です。

　この注記の内容は、法人化以後次々と追加・拡充されてきており、現状は相当のボリュームに上ります。ここでも、注記がどの財務諸表の部分、勘定科目に関するものであるかを分かりやすく示す必要があります。それでなくても、財務諸表と附属明細書が相当のボリュームに膨らんでおり、読者にとって読解は大きな負担になります。少しもその苦痛を和らげるべく、注記の平易な記述が望まれます。

10-5 重要な会計方針について

1. 重要な会計方針とは

　この重要な会計方針は、財務諸表の作成方針を明確にするものであり、この方針の前提に立って作成されていることを示すものです。実は、会計上の取引いわゆる会計事象をどのように処理して記録するかということは、その時代によって異なる解釈・方法が採られることがあります。会計の世界は、ある事実に対しては常に絶対的な処理方法が決まっているというものではなく、その時代や社会情勢を反映してその時点で最も適切と考えられる方法を採用しているのです。ですから、同じ会計事象、同じ勘定科目に対しても異なる会計処理が許容されている場合もあり、財務諸表がどのような会計処理によって作成されているのかを明らかにしませんと、読者をミスリードすることになります。この重要な会計方針は、財務諸表作成のよって立つルールを明らかにしているのです。

2. 重要な会計方針の内容

　では重要な会計方針とはどのようなものが該当するのでしょうか。「会計方針とは、国立大学法人等が財務諸表の作成に当たって、その会計情報を正しく示すために採用した会計処理の原則及び手続をいう。」(注解51) としており、その具体的な内容は実務指針に例示されていますし、多くの法人でこの例示を採用していますので、そのタイトルを示してみましょう。

10-5　重要な会計方針について

（重要な会計方針）

1．運営費交付金収益及び授業料収益の計上基準
2．減価償却の会計処理方法
　(1)　有形固定資産
　(2)　無形固定資産
3．賞与引当金及び見積額の計上基準
4．退職給付に係る引当金及び見積額の計上基準
5．有価証券の評価基準及び評価方法
　(1)　売買目的有価証券
　(2)　満期保有目的債券
　(3)　関係会社株式
　(4)　その他有価証券
6．たな卸資産の評価基準及び評価方法
7．債券発行差額の償却方法
8．外貨建資産及び負債の本邦通貨への換算基準
9．国立大学法人等業務実施コスト計算書における機会費用の計上方法
　(1)　国等の財産の無償又は減額された使用料による賃借取引の機会費用の計算方法
　(2)　政府出資等の機会費用の計算に使用した利率
　(3)　国等から無利子又は通常よりも有利な条件による融資取引の機会費用の計算に使用した利率
10．リース取引の会計処理
11．消費税等の会計処理

（Q&A77-3）

上記の例示以外に、貸倒引当金又は徴収不能引当金の計上基準があります。これは期末時に未収債権が多額に計上される附属病院を設置している法人で計上しています。一方では、現在の国立大学法人等には該当事項がないものがあります。

　５．有価証券の評価基準及び評価方法ですが、(1)の売買目的有価証券は現行制度上持つことはできません。

　７．債券発行差額の償却方法ですが、国立大学法人等が独自に資金調達のために債券を発行した場合に該当する勘定科目になりますので、現在は計上されていません。

3. 重要な会計方針の変更について

　基準の一般原則に、「その処理の原則及び手続を毎期継続して適用し、みだりにこれを変更してはならない。」（基準第6）としており、これが「継続性の原則」です。この重要な会計方針にもこの継続性の原則の適用がありますが、もし正当な理由があって変更をした場合には、その内容を記載しなければなりません。

「１　重要な会計方針、表示方法又は会計上の見積りの変更を行った場合には、重要な会計方針の次に、次の各号に掲げる事項を記載しなければならない。
　(1)　会計処理の原則又は手続の変更を行った場合には、その旨、変更の理由及び当該変更が財務諸表に与えている影響の内容
　(2)　表示方法の変更を行った場合には、その内容
　(3)　会計上の見積りの変更を行った場合には、その旨、変更の内容、及び当該変更が財務諸表に与えている影響の内容」（注解51）

としています。上記で言っている文言について注解で更に説明を加え

ています。

「3　表示方法とは、国立大学法人等が財務諸表の作成に当たって、その会計情報を正しく表示するために採用した表示方法をいい、財務諸表の科目分類、科目配列及び報告様式が含まれる。

4　会計上の見積りとは、資産及び負債や収益及び費用等の額に不確実性がある場合において、財務諸表作成時に入手可能な情報に基づいて、その合理的な金額を算出することをいう。」（注解51）

このように、継続性の変更があった場合には、詳細な変更の内容、そして財務諸表に与えている影響額を記載することになるのです。

10-6 その他の注記について

1. 重要な後発事項とは

「1　財務諸表には、その作成日までに発生した重要な後発事象を注記しなければならない。後発事象とは、貸借対照表日以降に発生した事象で、次期以降の財政状態及び運営状況に影響を及ぼすものをいう。重要な後発事象を注記事項として開示することは、当該国立大学法人等の将来の財政状態や運営状況を理解するための補足情報として有用である。

2　重要な後発事象の例としては、次のようなものがある。
(1)　主要な業務の改廃
(2)　中期計画の変更
(3)　国からの財源措置の重大な変更
(4)　火災、出水等による重大な災害の発生」(注解 52)

この後発事項は、次期以降の財務諸表に影響を与えるもので、一般的には開示後発事項と言います。これに対して、当該事業年度の財務諸表を修正しなければならない後発事項を修正後発事項と言います。この修正後発事象の例としては、年度末に存在していた未収債権が、その後債務者が破綻してしまい、回収不可能となった場合が該当します。つまりその債務者の状況は期末日以降それほど時間が経っていないにも拘わらず破綻してしまったということですから、期末時点でその債権の回収可能性は相当に低くなっていたと考えられます。もし債務者に関する十分な情報を得ていたならば、当然貸倒れに備えて相当

額の貸倒引当金を計上していたと思います。事実を債務者の破綻によって知ったのですが、期末時点での回収可能性の検討に対する修正が必要になったのです。これが修正後発事象ということになりますが、注記を求めている後発事象は当該年度の財務諸表を修正するのではなく、次期以降の財務諸表に影響するために、読者に対して注意喚起を促すものです。

「その作成日までに発生した」後発事象を注記しなければならないとしていますが、財務諸表の作成日とは、国立大学法人等が監事及び会計監査人の監査を受けるために作成した日と考えられます。一般の企業の実務からしますと、監事又は会計監査人の監査が終了して監査報告書が提出される日までと解されます（実は筆者がかつて担当していました金融機関で、監査報告書提出日に大口の貸付先が破綻しました。協調融資していた外資系金融機関が突然融資を引き揚げたため、融資体制が崩れてしまったのです。本来は修正後発事象と考えられますが、時間的に間に合わず、後発事象の注記を追加記載して対応したことを思い出します）。

2. 重要な債務負担行為とは

この債務負担行為とは、「国立大学法人等が金銭の納付を内容とする債務を負担する行為であって、当該会計年度内に契約は結ぶが、実際の支出の全部または一部が翌期以降になるものをいう。債務負担行為は建物又は施工の工事請負契約あるいは重要な物品購入契約のような将来確実に支出がなされるものと、損失補償及び保証契約のような偶発債務であるものと2つに分類される。」（Q&A76-1）としています。注記で見られる例は建物等の施工発注後に期末日を迎え、最終的な完成引渡しを受けていないため、次期以降の引渡時に竣工金を支払うというものです。

3. 法人移行時の固有の会計処理等の注記

　平成16年の法人移行時に行われた処理によって、その影響額が残っている事象があります。貸借対照表の利益剰余金と、損益計算書の当期総利益にその影響額が残っています。その内容を各事象ごとに注記することになります。

　実際の注記事例を見てみますと、
① 　国から承継した附属病院の固定資産の時価評価額が借入金残高を下回っている
② 　附属病院の診療機器に関する物品受贈額に係る減価償却費
③ 　法人移行時に承継した附属病院の未収附属病院収入の額
④ 　法人移行時に承継した附属病院の医薬品及び診療材料の額

が記載されています。法人移行時の状況を理解していませんと、よく分からないことですが、法人化後に検証してみるとこのようなことが潜在的にあったということなのです。

4. 金融商品の時価等に関する注記

　かつてバブルが弾けて、多くの企業が含み損を抱えた有価証券の処理に苦しんだ記憶はまだ癒えてはおりません。その後に、デリバティブを用いた金融商品が登場しましたが、バブル崩壊で痛い思いをした一般企業はあまり手を出しておらず、その洗礼を受けていなかった学校法人や公益法人などがリーマン・ショックによる多額の価格下落損に襲われました。一般企業はもちろんのこと、学校法人でも保有する有価証券等の金融商品の時価を、簿価と比較する表形式で注記しています。

　国立大学法人等でも同様に、保有する有価証券等と負債について、

期末時点の時価を簿価と比較する表形式での注記を求めています。

5. 賃貸等不動産の時価等に関する注記

　国立大学法人等が保有する不動産で、他に賃貸している不動産の時価の注記を求めています。

6. 資産除去債務に関する注記

　既に説明しました資産除去債務に関して、次の事項を注記することになります。

「(1)　資産除去債務の内容についての簡潔な説明
(2)　支出発生までの見込期間、適用した割引率等の前提条件
(3)　資産除去債務の総額の期中における増減内容
(4)　資産除去債務の見積りを変更したときは、その変更の概要及び影響額
(5)　資産除去債務は発生しているが、その債務を合理的に見積もることができないため、貸借対照表に資産除去債務を計上していない場合には、当該資産除去債務の概要、合理的に見積もることができない旨及びその理由」(注解33)

第 11 章

連結財務諸表

　大会社では少なからず子会社等を有しており、その企業グループの実態を示すために連結財務諸表を作成しています。

　国立大学法人等会計基準は企業会計に準拠しますので、この連結財務諸表制度も適用しようと考え、そのまま収容しましたが、少なからず経営組織の違いがあるため、手が加えられています。既刊の国立大学法人に関する書籍では、実務上作成されていない連結財務諸表に触れてはいませんが、将来国立大学法人等も子会社を設けることがあるかもしれません。

第11章 連結財務諸表

11-1 連結財務諸表の意義

1. 連結財務諸表の作成目的

　国立大学法人等会計基準に連結財務諸表制度が規定されたのは、企業会計で既に主流とされている連結財務諸表を無視するわけにはいかず、法人化前には国立大学が子会社等に出資することなど全く考えられなかったのですが、法人化後には研究成果を以てベンチャー企業等への出資もありうるとして、将来に期待をかけて制度上設けたものです。

　この連結財務諸表に関して企業会計ではその目的を次のように説明しています。「連結財務諸表は、支配従属関係にある2以上の会社（会社に準ずる被支配事業体を含む。以下同じ。）からなる企業集団を単一の組織体とみなして、親会社が当該企業集団の財政状態及び経営成績を総合的に報告するために作成するものである。」（連結財務諸表原則）これが一般企業で作成する連結財務諸表の目的としています。（上記の「原則」のうちに、会社に準ずる被支配事業体……とありますが、都合の悪い情報を連結財務諸表から除外するために、会社以外の制度を悪用した例が出てきたためです。例えばPFI、ファンド等々です。世の中には悪知恵の働く人が多いですね。）

　では、国立大学法人等ではどのようにその目的を規定しているでしょうか。「連結財務諸表は、国立大学法人等とその出資先の会社等（以下「関係法人」という。）を公的な資金が供給されている一つの会計主体として捉え、国立大学法人等が関係法人集団（国立大学法人等及び関係法人の集団をいう。以下同じ。）の財政状態及び運営状況を総合的に

報告するために作成するものである。」(基準第95)としています。企業会計とは異なる観点から連結財務諸表を見ているようです。

国立大学法人等の財務諸表の性格については、
「1　国立大学法人等が行う出資等は、法人の設立目的を達成するために業務として行われるものであり、国立大学法人等と関係法人の間に必ずしも支配従属関係が認められるわけではないが、国立大学法人等と関係法人を公的な資金が供給されている一つの会計主体とみなして、公的な主体としての説明責任を果たす観点から、連結財務諸表の作成、開示を行うものである。
2　このような観点から作成される財務諸表は、公的な資金がどのように使用されているかを示すことを主な目的としており、国立大学法人等の評価は、個別財務諸表により行われる必要がある。
3　関係法人には、国立大学法人等が出資を行っている民間企業のほか、法人と一定の関係を有する公益法人等が含まれる。」(注解68)
としており、国立大学法人等の公的な性格に着目した規定になっています。

2. 連結財務諸表の一般原則

企業会計と同じく、ここでも一般原則を定めています（基準第96)。
① 真実性の原則：連結財務諸表は、関係法人集団の財政状態及び運営状況に関して真実な報告を提供するものでなければならない。
② 基準性の原則：連結財務諸表は、関係法人集団に属する国立大学法人等及び関係法人が準拠すべき一般に公正妥当と認められる会計基準に準拠して作成された個別財務諸表を基礎として作成されなければならない。
③ 明瞭製の原則：国立大学法人等の会計は、連結財務諸表によって、

国民その他の利害関係者に対し必要な会計情報を明瞭に表示し、関係法人集団の状況に関する判断を誤らせないようにしなければならない。

④ 継続性の原則：連結財務諸表作成のために採用した基準及び手続は、毎期継続して適用し、みだりにこれを変更してはならない。

これらの原則は、個別の財務諸表でも規定されているのもので、上記の4つに加えて重要性の原則が注解で次のように説明されています。

「1　連結財務諸表を作成するに当たっては、国民その他の利害関係者の関係法人集団の状況に関する判断を誤らせないようにするため、金額的側面及び質的側面の両面からの重要性を勘案して、適切な会計処理及び表示を行わなければならない。

2　なお、連結財務諸表は、関係法人集団の財政状態及び運営状況を国民その他の利害関係者に総合的の報告するために作成するものであることから、その判断を誤らせない限り、連結の範囲、特定関連会社の決算日が連結決算日と異なる場合の仮決算の手続、連結のための個別財務諸表の修正、特定関連会社の資産及び負債の評価、未実現利益の消去、連結財務諸表の表示等に関して重要性の乏しいものについては、本来の会計処理によらないで合理的な範囲で他の簡便な方法によることも認められる。」（注解69）

企業会計の重要性の原則に準拠して規定されていますが、細部に亘る連結手続はこの後で触れることにします。

3. 連結の範囲

連結財務諸表を作成する場合には、関係法人集団のうちどこまでの法人に連結手続を適用するのかを決めなければなりません。重要性の原則にもありますように、国立大学法人等を中心として構成されてい

る関係法人集団にとってあまりに重要性が乏しい場合には、あえてそこまで連結の範囲に入れなくてもいいということです。

　一般企業では、この連結の範囲が大変重要になります。経営者としては業績のいい子会社は連結の範囲に入れ、赤字会社はなるべく範囲外としたいと考えるのが常です。

　では、国立大学法人等の連結の範囲はどのようになっているのでしょう。

「1　国立大学法人等は、原則としてすべての特定関連会社を連結の範囲に含めなければならない。

　2　特定関連会社とは、国立大学法人等が出資する会社であって、次のいずれかに該当する場合には、当該会社は特定関連会社に該当するものとする。

⑴　会社の議決権の過半数を所有しているという事実が認められる場合

⑵　会社に対する議決権の所有割合が100分の50以下であっても、高い比率の議決権を保有している場合であって、次のような事実が認められる場合

　ア　議決権を行使しない株主が存在することにより、株主総会において議決権の過半数を継続的に占めることができると認められるとき。

　イ　役員、関連会社等の協力的な株主の存在により、株主総会において議決権の過半数を継続的に占めることができると認められるとき。

　ウ　役員若しくは教職員である者又はこれらであった者が、取締役会の構成員の過半数を継続的に占めているとき。

　エ　重要な財務及び営業の方針決定に関し国立大学法人等の承認

を要する契約等が存在するとき。
3　国立大学法人等及び特定関連会社が、他の会社に出資又は投資を行い、多大な影響力を与えていると認められる場合における当該他の会社も、また、特定関連会社とみなすものとする。」(基準第97)

　このように国立大学法人等が、出資を通じて他の会社を支配しているか否かで連結の範囲が決まります。

4. 連結決算日

　重要性の原則の適用例に連結決算日に関する記述がありましたが、国立大学法人等の決算日は国の会計年度と同じ3月31日です。
(多くの株式公開会社が3月決算なのは、国の会計年度が3月末で区切りをつけていることに平仄を合わせたのが起源ですが、その後は6月末に一斉に開催される株主総会対策のために多くの会社が3月決算としました。)
　国立大学法人等の連結決算日も3月31日になり、もしこの決算日と異なる特定関連会社があった場合には、必要な調整を行うことになります。

5. 会計処理の原則及び手続について

　連結財務諸表を作成するに当たっては、国立大学法人等と特定関連会社が採用する会計処理の原則及び手続は、原則として親会社に相当する国立大学法人等で採用しているものに統一することになります。ただし、国立大学法人等に対して適用されている固有の会計処理は対象外です。この処理は前述しましたように、極めて特殊な処理方法を採用しているため、一般の会社には馴染まないためです。
　原則として統一としていますが、特定関連会社の会計処理を国立大学法人等のそれに合わせることが、多大の時間と労力を要するような

場合には、敢えて統一しなくてもいいとしています。要する時間・労力とその効果が釣り合わないという重要性の観点からの対応です。

6. 連結財務諸表の体系

　連結財務諸表も、財務諸表と言うからには同じ体系になっていることが予測できるでしょう。一般企業では、少なからず子会社等を持っているので、個別財務諸表よりも連結財務諸表にスポットライトが当たる仕組みになっており、体系も整備されています。この国立大学法人等の連結財務諸表もその例に漏れず、同様の体系になっています。

　(1)　連結貸借対照表
　(2)　連結損益計算書
　(3)　連結キャッシュ・フロー計算書
　(4)　連結剰余金計算書
　(5)　連結附属明細書

という体系になっており、個別財務諸表と異なる点は業務実施コスト計算書がないということです。

　連結剰余金計算書は個別財務諸表の利益の処分又は損失の処理に関する計算書に相当します。

第11章　連結財務諸表

11-2　連結財務諸表の作成基準

　連結財務諸表は、親会社に相当する国立大学法人等と、子会社等に相当する特定関連会社の個別財務諸表をベースにして、各連結財務諸表を作成します。順を追って簡略に説明しましょう。

1．連結貸借対照表の作成

　連結貸借対照表の作成については、「連結貸借対照表は、国立大学法人等及び特定関連会社の個別財務諸表における資産、負債及び純資産の金額を基礎とし、特定関連法人の資産及び負債の評価並びに連結される特定関連会社（以下「連結法人」という。）に対する出資とこれに対応する当該連結法人の資本との相殺消去その他必要とされる国立大学法人等及び連結法人相互間の項目を消去して作成する。」（基準第101）とされています。通常連結財務諸表を作成する場合には、連結の対象となった個別財務諸表を合算して、その後に必要な連結会計処理を行うことになります。何のことやらと思われるかも知れませんので、次で説明します。

2．特定関連会社の資産及び負債の評価

　これは、国立大学法人等が他の会社に出資（株式の購入を含む）した場合の、その会社の評価の問題です。その会社の価値を高く買ったのか、安く買ったのかを計算するのです（一般的にベンチャー企業への出資は、将来の夢を買う場合が多く、出資時点の評価額よりも高い買い物をする傾向があります）。

3. 出資と資本の相殺消去

1. に記載したように、連結対象の個別貸借対照表を単純合算しますと、国立大学法人等の資産に計上されている出資（投資）勘定と、特定関連会社の資本勘定が借方・貸方の左右に計上されてしまいます。そのため、これを相殺消去するのです。

「1　国立大学法人等の特定関連会社に対する出資とこれに対応する特定関連会社の資本は、相殺消去しなければならない。

2　国立大学法人等の特定関連会社に対する出資とこれに対応する特定関連会社の資本との相殺消去に当たり、差額が生ずる場合には、当該差額は発生した事業年度の損益として処理しなければならない。

3　特定関連会社相互間の投資とこれに対応する資本とは、国立大学法人等の特定関連会社に対する出資とこれに対応する特定関連会社の資本との相殺消去に準じて相殺消去しなければならない。」

（基準第103）

上記の２の記述が、特定関連会社を高く買ったか安く買ったかという表現のように、出資＞資本であれば高く買ったことになるので損失が、出資＜資本であれば安く買ったことになるので利益が計上されることになるのです。

4. 少数株主持分

この言葉も連結特有の勘定科目名になります。国立大学法人等が100％出資の会社であれば、その会社には他の出資者・株主はいないことになりますが、他に出資者がいるのでしたら、その特定関連会社の財産のうちにはその出資者に帰属する持分が存在することになりま

す。そのため、連結貸借対照表では、他の出資者の持分を少数株主持分として純資産の前に記載することにしています。

「1　特定関連会社の純資産のうち国立大学法人等に帰属しない部分は、少数株主持分とする。

2　特定関連会社の欠損のうち、当該特定関連会社に係る少数株主持分に割り当てられる額が、当該少数株主の負担すべき額を超える場合には、当該超過額については、当該特定関連会社との関係を勘案して処理するものとする。」（基準第104）

上記2の場合のように、特定関連会社が赤字になった場合には、デリケートな問題となります。研究開発を行うベンチャー企業では、最初から利益を上げられる例は少なく（だからベンチャーと言うのです）、赤字となった際のその負担方法を少数株主と事前に協議しておかなければならないでしょう。その特定関連会社の資金繰りのために、国立大学法人等が金融機関に対して債務保証を行っている場合もあり得ます。そのような場合には、その保証額が損失となることもありますので、その認識も必要になります。

5. 債権と債務の相殺消去

連結対象の個別貸借対照表を単純合算しますと、連結法人相互間の債権と債務が資産と負債の両方に計上されてしまいます。つまり同じ組織の中で貸し借りの両方がそのまま残ってしまうのです。例えて言うと、奥さんが旦那さんにお金を貸している場合に、その家庭の財産内容を説明するのに、旦那さんに対する貸付金と奥さんからの借入金を書き入れているのと同じです。当然奥さんの貸付金と旦那さんの借入金は家庭外に対するものではありませんので、これだけの財産、そしてこれだけの借金がありますとは言わないでしょう。このことと全

く同じで、連結法人間の債権と債務は相殺することになります。

「連結法人相互間の債権と債務とは、相殺消去しなければならない。」(基準第105) と規定されています。

6. 関連会社等に対する持分法について

相互の財務諸表を合算するほどには組織的に一体となっていない場合に、投資先の法人の状況を連結財務諸表に反映させる方法に持分法があります。この持分法は関連会社に適用するのですが、この関連会社について、「関連会社とは、国立大学法人等及び特定関連会社が、出資、人事、資金、技術、取引等の関係を通じて、特定関連会社以外の会社の財務及び営業の方針決定に重要な影響を与えることができる場合における当該会社をいう。」(基準第107) としています。

そして、「次の場合には、特定関連会社以外の会社の財務及び事業運営の方針決定に重要な影響を与えることができないことが明らかに示されない限り、当該会社は関連会社に該当するものとする。

(1) 特定関連会社以外の会社の議決権の100分の20以上を実質的に所有している場合。

(2) 会社に対する議決権の所有割合が100分の20未満であっても、一定の議決権を有しており、かつ、次のような事実が認められる場合

ア　国立大学法人等の役員もしくは教職員である者又はこれらであった者（国立大学法人等の設立に際し、権利義務を承継した国立大学等の教職員であった者を含む。）であって、財務及び営業又は事業の方針決定に関して影響を与えることができる者が、代表取締役又はこれに準ずる役職に就任している場合

イ　国立大学法人等が、重要な融資（債務保証又は担保の提供を含

む。）を行っている場合
　　ウ　国立大学法人等が、重要な技術を提供している場合
　　エ　国立大学法人等との間に、重要な販売、仕入その他の営業上
　　　又は事業上の取引がある場合
　　オ　国立大学法人等が、財務及び営業又は事業の方針決定に対し
　　　て重要な影響を与えることができることが推測される事実が存
　　　在する場合」(基準第107)

としており、国立大学法人等が他の会社に出資するということは、相当のメリットがあると考えた結果であるはずですから、出資割合が20％未満であっても相当の影響力を有すると考えられます。もし、そのような状況ではないというのでしたら、公的資金を充てるわけですから、出資そのものが間違った判断であるといえるでしょう。

7. 連結損益計算書の作成

　連結損益計算書の作成については、「連結損益計算書は、国立大学法人等及び特定関連会社の個別損益計算書における費用、収益等の金額を基礎とし、連結法人相互間の取引高の相殺消去及び未実現利益の消去等の処理を行って作成する。」(基準第109) としています。連結貸借対照表で説明したように、まず連結法人の個別損益計算書を単純に合算して、重複して計上されている取引高を相殺消去するのです。「連結法人相互間における役務の提供その他の取引に係る項目は、相殺消去しなければならない。」(基準第110)。つまり、一方の売上高で片方の仕入・費用に計上されている取引ですと、連結法人内での社内での振替にしか過ぎません。連結法人にとって売上にも、仕入・費用にもなりません。

　そして、未実現利益とは、連結法人内の社内振替による内部利益に

過ぎませんので消去することになります。

「1　連結法人相互間の取引によって取得したたな卸資産、固定資産その他の資産に含まれる未実現利益は、その全額を消去しなければならない。

2　未実現損益の金額に重要性が乏しい場合には、これを消去しないことができる。

3　売手側の特定関連会社に少数株主が存在する場合には、未実現損益は国立大学法人等と少数株主の持分比率に応じて、国立大学法人等の持分と少数株主持分に配分するものとする。」(基準第111)

と、未実現損益に関して規定しています。特定関連会社を通じて、研究機器や医療用機器、そして医薬品等を購入した場合が想定されます。特定関連会社が外部より仕入れて、利益を上乗せし、国立大学法人等に納入したとすると、連結法人内の内部取引によって特定関連会社利益が計上され、その利益を上乗せした資産が連結法人の財務諸表に計上されることになります。いわば売上高と仕入高又は費用額を架空に計上していることになり、利益額だけ過大に計上されていることになるのです。

8. 連結キャッシュ・フロー計算書の作成

他の連結財務諸表と同様に、「連結キャッシュ・フロー計算書は、国立大学法人等及び特定関連会社の個別キャッシュ・フロー計算書を基礎として、連結法人相互間のキャッシュ・フローの相殺消去の処理を行って作成する。」(基準第113) としています。

9. 連結剰余金計算書の作成

　この剰余金計算書は個別財務諸表にはないもので、連結法人全体の剰余金の増減を示すものです。

　「連結剰余金の増減は、国立大学法人等及び特定関連会社の損益計算書及び利益処分に係る金額を基礎とし、連結法人相互間の配当に係る取引を消去して計算する。」(基準第115) と規定されていますが、国立大学法人等が配当金を特定関連会社に分配することはあり得ませんのでの、特定関連会社から出資者である国立大学法人等への配当金が消去の対象になります。

11-3 関連公益法人等について

1．なぜ関連公益法人等が連結法人になるのか

　この関連公益法人等に関する規定は国立大学法人等に独特の規定で、民間企業にはありません。公益法人等とは、財団法人、社団法人の他、社会福祉法人、特定非営利活動法人、技術研究組合等が含まれます。国立大学法人等には、教育・研究・診療の促進のために、親密な関係にある数多くの公益法人等があります。附属病院では、病室のリネンサプライ、病院食の供給、病室内の備品の管理、駐車場の維持管理、研究成果のインキュベーション機関等々、多様なサービスを提供しています。そのような公益法人等と国立大学法人等との親密な関係を連結情報に繁栄することになるのです。

2．関連公益法人等に関する情報開示

　「関連公益法人等については、国立大学法人等との出えん、人事、資金、技術、取引等の関係を「第7節　連結財務諸表の附属明細書、連結セグメント情報及び注記」に定めるところにより開示するものとする。」（基準第117）このように、連結財務諸表そのものに数値を合算して示すのではなく、公益法人等に関する情報を注記によって開示するのです。

　「国立大学法人等と関連公益法人等との間には資本関係が存在しないが、国立大学法人等を通じて公的な資金が供給されている場合も多いことから、公的な会計主体である国立大学法人等は関連公益法人等

第⓫章　連結財務諸表

との関係を開示し説明する責任を有している。」(注解77) これは、国立大学法人等と資本関係こそないが取引関係等を通じて極めて親密な関係を有する公益法人等が存在している事実があることに着目した規定です（会計検査院による検査でも、公益法人との取引に関する指摘がなされています）。

3. 開示対象となる関連公益法人等

開示の対象となる関連公益法人等について、
「1　関連公益法人等とは、国立大学法人等が出えん、人事、資金、技術、取引等の関係を通じて、財務及び事業運営の方針決定に対して重要な影響を与えることができるか又は国立大学法人等との取引を通じて公的な資金が供給されており、国立大学法人等の財務情報として、重要な関係を有する当該公益法人等をいう。」(基準第118) としています。

この公益法人等の開示は多くの国立大学法人等の財務諸表に見られ、開示対象に該当するか否かの判断に迷った大学がありました。そこで開示対象となる公益法人等についてより詳細に定めています。
「2　次の場合には、公益法人等の財務及び事業運営の方針決定に重要な影響を与えることができないことが明らかに示されない限り、当該公益法人等は関連公益法人等に該当するものとする。
　(1)　理事等のうち、国立大学法人等の役員又は教職員経験者の占める割合が3分の1以上である公益法人等
　(2)　事業収入に占める国立大学法人等との取引に係る額が3分の1以上である公益法人等
　(3)　基本財産の5分の1以上を国立大学法人等が出えんしている財団法人

(4) 会費、寄附等の負担額の5分の1以上を国立大学法人等が負担している公益法人等

3　関連公益法人等の特定関連会社又は関連会社である会社は関連公益法人等とみなすものとする。」(基準第118)

このように数値による判断基準を定めています。

第11章 連結財務諸表

11-4 附属明細書、セグメント情報と注記

連結財務諸表を作成している国立大学法人等はまだ見ていませんが、連結に係る情報の注記による開示はほとんどの国立大学法人等で見られます。どのような情報の開示が求められているのでしょう。

1. 連結財務諸表の附属明細書

個別財務諸表同様に、連結財務諸表でも附属明細書を、基準第76に準拠して作成することになり、併せて次の事項を追加して記載することになります。

「(1) 特定関連会社、関連会社及び関連公益法人等の概要
　ア　名称、業務の概要、国立大学法人等との関係及び役員の氏名
　イ　特定関連会社、関連会社及び関連公益法人等と国立大学法人等の取引の関連図
(2) 特定関連会社、関連会社及び関連公益法人等の財務状況
　ア　特定関連会社及び関連会社の当該事業年度の資産、負債、資本金及び剰余金の額、並びに売上高、経常損益及び当期純利益の額
　イ　関連公益法人等の当該事業年度の貸借対照表に計上されている資産、負債及び正味財産の額、正味財産増減計算書に計上されている当期正味財産増減額、正味財産期首残高及び正味財産期末残高並びに収支計算書に計上されている事業活動収入、事業活動支出、事業活動収支差額、投資活動収入、投資活動支出、投資活動収支差額、財務活動収入、財務活動支出、財務活動収

支差額及び当期収支差額
(3) 特定関連会社及び関連会社株式並びに関連公益法人等の基本財産の状況
　ア　国立大学法人等が保有する特定関連会社及び関連会社の株式について、所有株式数、取得価額及び貸借対照表計上額
　イ　関連公益法人等の基本財産に対する出えん、拠出、寄附等の明細並びに関連公益法人の運営費、事業費等に充てるため当該事業年度において負担した会費、負担金等の明細
(4) 特定関連会社、関連会社及び関連公益法人等との取引の状況
　ア　特定関連会社、関連会社及び関連公益法人等に対する債権債務の明細
　イ　国立大学法人等が行っている関連会社及び関連公益法人等に対する債務保証の明細
　ウ　特定関連会社及び関連会社の総売上高並びに関連公益法人等の事業収入の金額とこれらのうち国立大学法人等の発注等に係る金額及びその割合」(基準第119)

このように詳細な内容の明細書の開示を求めています。法人化後多くの国立大学法人等で、関連公益法人に関する上記の内容を開示しています。

⑳　関連公益法人の附属明細
1　関連公益法人の概要
　①名称
　　一般財団法人　積　善　会
　②業務の概要
　　・医学・歯学の研究の奨励及び助成

- 患者の慰藉及び救恤
- 職員及び学生に対する学事研修の奨励及び福利厚生
- 患者に対する栄養の研究と医師の処方による食餌の供給
- 入院療養に必要とする諸施設の便宜の供与
- 患者、職員及び学生に対し必需品の供給
- その他目的を達成するために必要な事業

③当法人との関係

関連公益法人

④役員の氏名

理事長	久本　純夫	元 医学部附属病院管理課長
常務理事	村瀬　和恵	
理事	窪津　誠	
理事	森脇　正	
監事	河田　亘	元 文・法・経済学部事務長
監事	黒田　重利	元 大学院医歯薬学総合研究科教授

⑤関連公益法人と当法人の取引の関連図

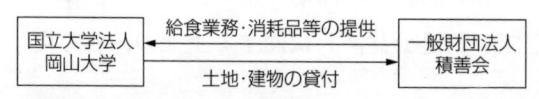

国立大学法人岡山大学 ←給食業務・消耗品等の提供／土地・建物の貸付→ 一般財団法人積善会

2　関連公益法人の財務状況

（単位：円）

資産	負債	正味財産
1,505,935,045	193,058,606	1,312,876,439

（単位：円）

一般正味財産増減の部						
収益	収益の内訳		費用	費用の内訳	
A	受取補助金等	その他の収益	B	事業費	管理費
1,538,661,475	0	1,538,661,475	1,533,000,550	1,463,882,745	58,930,785

	当期増減額 C=A-B	一般正味財産 期首残高 D	一般正味財産 期末残高 E=C+D
その他の費用			
10,187,020	5,660,925	1,307,215,514	1,312,876,439

(単位：円)

事業活動収支の部				投資活動収支の部		
事業活動収入 A	事業活動支出 B	事業活動 収支差額 C=A-B	投資活動収入 D	投資活動支出 E	投資活動 収支差額 F=D-E
1,538,661,475	1,521,763,978	16,897,497	35,872,619	99,504,878	△63,632,259

財務活動収支の部			当期収支差額 J=C+F+I
財務活動収入 G	財務活動支出 H	財務活動 収支差額 I=G-H	
31,411,000	31,411,000	0	△46,734,762

（注）　正味財産増減計算書の指定正味財産増減の部は該当ありません。

3　関連公益法人の基本財産等の状況

　関連公益法人の基本財産に対する出えん、拠出、寄附等の明細並びに関連公益法人の運営費、事業費等に充てるため当該事業年度において負担した会費、負担金等の明細

　該当ありません。

4　関連公益法人との取引の状況

債権（未収入金）	債務（未払金）	債務保証
2,605,898	35,527,887	—

(単位：円、％)

事業収入	左記のうち当法人の発注		左記のうち競争契約	
1,538,190,814	408,101,577	27%	403,660,614	99%

（注）　企画競争・公募及び競争性のない随意契約は該当ありません。

(岡山大学ホームページより)

2. 連結セグメント情報について

　セグメント情報は既に個別財務諸表で解説しましたが、連結財務諸表には国立大学法人等とは異なる事業を行っている会社が含まれる場合もあり、新たに事業を区分してセグメント情報としなければなりません。

「1　連結法人における開示すべきセグメント情報は、当該連結法人が異なる事業を運営している場合には、その事業内容等に応じた適切な区分に基づくセグメント情報とする。

　2　開示すべき情報は、連結法人の事業収益、事業損益及び当該セグメントに属する資産総額とする。」(基準第120)

この連結セグメント情報の開示を特に求めている趣旨は、

「1　国立大学法人等は、業績評価のための情報提供等による国民その他の利害関係者に対する説明責任を果たす観点から、その業務の内容が多岐にわたる場合、区分及び開示内容について企業会計で求められるよりも詳細にセグメントに係る財務情報を開示することが求められる。

　2　このため、開示すべき情報についても、連結法人の主要な資産項目、主要な事業費用及び主要な事業収益の内訳等を積極的に開示する必要がある。

　3　セグメントの区分については、国立大学法人等の個別財務諸表におけるセグメント情報を基礎とし、関係法人の業務内容を勘案して、運営費交付金や補助金等に基づく収益以外の収益の性質や複数の業務を行っている連結法人の業務区分を参考にしつつ、個々に定めていくこととする。」(注解79)

としています。

3. 連結財務諸表の注記

もしも連結財務諸表を作成したら、このような注記が必要になります。
「(1) 連結の範囲等

　連結の範囲に含めた特定関連会社、関連会社に関する事項その他連結の方針に関する重要事項及びこれらに重要な変更があったときは、その旨及び変更の理由
(2) 決算日の差異

　特定関連会社の決算日が連結決算日と異なるときは、当該決算日及び連結のため当該特定関連会社について特に行った決算手続の概要
(3) 会計処理の原則及び手続等

　ア　重要な資産の評価基準及び減価償却の方法並びにこれらについて変更があったときは、その旨、変更の理由及び当該変更が連結財務諸表に与えている影響の内容
　イ　特定関連会社の採用する会計処理の原則及び手続で国立大学法人等及び特定関連会社との間で特に異なるものがあるときは、

連結財務諸表を作ると、結構大変だね！

第11章 連結財務諸表

　　その概要
　ウ　特定関連会社の資産及び負債の評価方法
(4)　その他の重要な事項
　関係法人集団の財政状態及び運営状況を判断するために重要なその他の事項」(基準第121)
　このように詳細な注記が求められます。もし連結財務諸表を作成することになりましたら、よく読んでください。

第12章
固定資産の減損会計

　企業会計で新たに導入された会計基準を国立大学法人会計基準に取り入れたものです。ただ、一般企業とはその事業目的が異なるため、評価する基準に違いがあります。日々の会計実務ではあまり目にすることはありませんが、減損という言葉が財務諸表の中に出てきますので、どのようなことを指しているのかを理解する必要があります。

第12章　固定資産の減損会計

12-1　減損の目的と意義

　平成17年12月22日に「固定資産の減損に係る国立大学法人会計基準」（以下この章で（減損基準）といいます）が設定されました。これは企業会計で「固定資産の減損に係る会計基準」が平成17年度より適用されることを受けて、新たに会計基準を設定して、国立大学法人等に適用したのです。

　減損といいますと、何か分かりにくい会計用語ですが、資産の価値が下がったことを認識して、損失額を計上することです。かつてバブル経済が破綻して、不動産をはじめとした固定資産が相当に値下がりしましたが、従来は土地等の固定資産の価値の減少を財務諸表に反映することは原則としてありませんでした。そのため、含み損を抱えたままで貸借対照表に計上していましたから、財政状態の実態を的確に表していない状況が生まれました。この減損会計によって、このような固定資産の実態に即した価値を把握して、価値の減少を財務諸表に反映させることになったのです。

　減損基準では目的と定義を次のように規定しています。

「1　本基準及び注解は、貸借対照表に計上される固定資産の過大な帳簿価額を適正な金額まで減額すること及び国立大学法人等の業務運営状況を明らかにすることを目的とする。

　2　固定資産の減損とは、固定資産に現在期待されるサービス提供能力が当該資産の取得時に想定されたサービス提供能力に比べ著しく減少し将来にわたりその回復が見込めない状態又は固定資産の将来の経済的便益が著しく減少した状態をいう。」（減損基準第1)

12-1 減損の目的と意義

　つまり所有する固定資産が当初の利用状況とは異なり、極めて低い利用頻度しかない場合や、当初考えていたような活用ができないほど施設の老朽化や陳腐化が進んでしまったような場合には、固定資産として計上されている価値が失われていると判断し、評価を下げる必要が出てくるということなのです。例えば、取得当時には年間に100日程度は使用する予定だった講堂が30日程度しか使用しないとか、取得当時は最先端だった研究機器が既に最新技術によって製作された機器の取得によって使用頻度が極端に低くなったという場合が考えられます。実際の教育研究の現場ではよく目にすることです。附属病院における診療機器等でも日進月歩で新たな機器が出現し、数年でその機能が時代遅れになってしまい、倉庫にホコリを被って積み重ねられている風景を見たことがあります。そうなりますと、もはや資産価値はなく、相当の評価減をしなければなりません。これが減損処理ということです。

12-2 減損処理の対象資産

　国立大学法人等は、貸借対照表の資産の部に示されているように多様な資産を所有しています。形のあるもの、形のないもの、長期に亘って使用するもの、短期間に使い切ってしまうもの等々、多種多様な資産を所有しています。この減損会計が対象としている資産は、特定の固定資産に限定されています。

　「本基準は、国立大学法人会計基準において減損処理に関する定めがある固定資産以外の固定資産に適用する。なお、重要性の乏しいものについては、本基準を適用しないことができる。」(減損基準第2)としており、この減損会計の適用対象資産を定めています。具体的には次に掲げる固定資産以外のものとしています。

「(1) 投資有価証券
(2) 関係会社株式
(3) その他の関係会社有価証券
(4) 長期貸付金
(5) 関係法人長期貸付金
(6) 破産債権、再生債権、更生債権その他これらに準ずる債権
(7) 長期前払費用
(8) 未収財源措置予定額　」(減損注解2)

　上記の固定資産はそれぞれ評価に関する規定があり、それに従って減損処理をすることになりますので、本基準の適用対象外となっているのです。

　また、減損基準には重要性の原則が働きます。前出の「……なお、

重要性の乏しいものについては、本基準を適用しないことができる。」
(減損基準第2) と規定されており、「本基準を適用しないことができる固定資産に係る重要性の判断については、固定資産の金額的側面及び質的側面を勘案する必要があり、国立大学法人等の業務運営における主要な固定資産については、重要性が乏しいものとしてはならない。」
(減損注解1) としており、法人の規模や当該固定資産を使用している分野の重要性を勘案して減損処理の適否を考えなければなりません。ただ、この重要性の篩の目は案外大きいのです。次に示す資産種目と金額基準、そして耐用年数という条件に該当する資産には重要性が乏しいとして減損処理の対象にしなくてもいいということになります。

(1) 「機械及び装置並びにその他の附属設備」、「船舶及び水上運搬具」、「車両その他の陸上運搬具」、「工具、器具及び備品」又は「無形固定資産」であること。
(2) 取得価額が 5,000 万円未満であること。
(3) 耐用年数が 10 年未満であること。」(減損 Q&A2-1)

ここでは資産の種類を限定していることに注意すべきでしょう。具体的な対応は各大学法人等で判断することになります。

12-3 減損処理の手順

　減損会計は一定の手順に従って処理を進めていくことになります。その手順は、「減損の兆候」→「減損の認識」→「減損の測定」→「減損額の会計処理」という手続を順を追って行い、最終的に減損処理をすることになります。各段階で〔認められない〕〔該当しない〕という結論ですと、そこで作業は停止します。

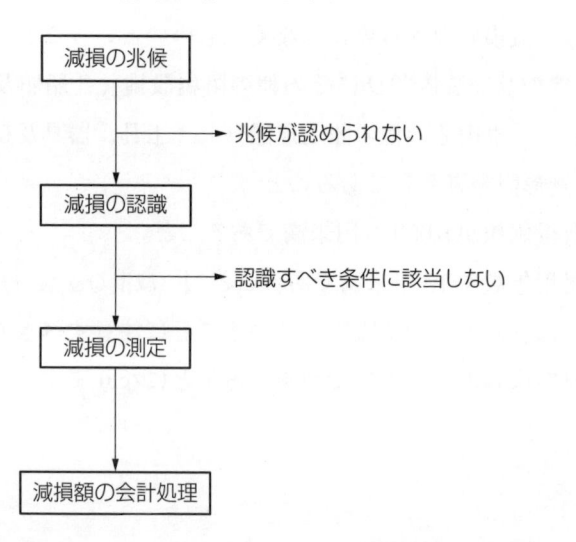

```
┌──────────┐
│ 減損の兆候 │
└────┬─────┘
     │────────→ 兆候が認められない
     ↓
┌──────────┐
│ 減損の認識 │
└────┬─────┘
     │────────→ 認識すべき条件に該当しない
     ↓
┌──────────┐
│ 減損の測定 │
└────┬─────┘
     ↓
┌──────────────┐
│ 減損額の会計処理 │
└──────────────┘
```

12-4 減損の兆候について

1．減損の兆候とは

「固定資産に減損が生じている可能性を示す事象（以下「減損の兆候」という。）がある場合には、当該資産について、減損を認識するかどうかの判定を行わなければならない。」（減損基準第3）

ここには、減損処理の入口を示しています。この兆候の有無の判断を受けて一連の手順が始まります。

ではこの兆候とはどのような状態をいうのでしょうか。続けて基準を見てみます。

「減損の兆候とは、次に掲げる事象をいう。
(1) 固定資産が使用されている業務の実績が、中期計画等の想定に照らし、著しく低下しているか、あるいは、低下する見込みであること。
(2) 固定資産が使用されている範囲又は方法について、当該資産の使用可能性を著しく低下させる変化が生じたか、あるいは、生ずる見込みであること。
(3) 固定資産が使用されている業務に関連して、業務運営の環境が著しく悪化したか、あるいは、悪化する見込みであること。
(4) 固定資産の市場価格が著しく下落したこと。
(5) 国立大学法人等自らが、固定資産の全部または一部につき、使用しないという決定を行ったこと。」（減損基準第3）

このように減損の兆候を列挙しています。

2. 具体的には

　兆候の(1)は学内の固定資産の利用頻度が目に見えて低いと思われる場合に、当初どの程度の利用を想定していたかという計画との対比によって判断することになります。

　兆候の(2)の「使用可能性を著しく低下させる」場合の例として、
「(1)　固定資産が使用されている業務を廃止または再編成すること。業務の再編成には、業務規模の大幅な縮小などが含まれる。
(2)　固定資産が遊休状態になっていること。
(3)　固定資産の稼働率が著しく低下した状態が続いていること。
(4)　固定資産に著しい機能的減価が観察できること。
(5)　建設仮勘定に計上している建設途中の固定資産について、建設の大幅な延期が決定されたことや当初の計画に比べ著しく滞っていること。」(減損 Q&A3-2) と示されています。

　兆候の(3)に関しては、
「(1)　技術革新による著しい陳腐化や特許期間の終了による重要な関連技術の拡散などの技術的環境が著しく悪化していること。
(2)　業務に関連する重要な法律改正、規制緩和や規制強化、重大な法令違反の発生などの法律的環境が著しく悪化していること。」
(減損 Q&A3-3) としています。

　兆候の(4)と(5)は比較的分かりやすい兆候と思われます。

　(4)の市場価格の下落ですが、「……帳簿価額からの下落割合が50％未満であるときは、著しく下落していないものとすることができる。」(減損注解4) と、いかにも曖昧な表現をしていますが、通常50％以上市場価格が帳簿価額に比べて下落している場合には、減損の兆候ありと判断します。ただ、当該資産の市場状況からして価格の回復は望

めないと判断した場合には、50％未満の下落割合であっても減損の兆候ありと判断することもありえます。ただ、この市場価格の捕捉が難しい場合があり、土地のように税務上の手続で決められている評価額等の容易に手に入る資料で把握することが可能な資産もありますが、評価そのものが難しいものもあります。この点に関して、実務指針で詳細に説明しています。

　(5)の「使用しないという決定」は法人の経営者が判断することで、この経営判断によって兆候ありとすることになります。この決定について、「使用しないという決定には、固定資産を全く使用しないという決定のみならず、固定資産の取得時に想定した使用目的に従って使用しないという決定、すなわち、用途変更の決定も含む。なお、固定資産が政府からの現物出資又は承継により取得されたものである場合には、現物出資時又は承継時に想定した使用目的を基準に判断する。」（減損注解5）と説明しています。よくある実例として、法人設立時には何でも貰おうという雰囲気がありましたので、旧制高等学校当時の施設も出資対象となりました。しかし老朽化が著しく、かつ修復して

第12章　固定資産の減損会計

まで使用する予定はないとして、このような施設は減損処理の対象になったという訳です。その他にも、地境すら明確ではない山林・原野、利用方法が立たない傾斜地等々も兆候ありと判断され、その多くが減損処理の対象になりました。

12-5 減損の認識

前節で説明しました減損の兆候を受けて、この認識に進みます。

1．当該資産の全部又は一部の使用が想定されていない場合

減損の兆候に示された(1)から(3)に該当する場合であって、当該資産の全部又は一部の使用が想定されていない場合には、減損を認識しなければならないとしています。この使用が想定されていない場合とは次に掲げる要件を満たしていない場合を指します。
① 当該資産の全部又は一部について、将来の使用の見込みが客観的に存在する。
② 当該資産がその使用目的に従った機能を有している。

2．市場価格の回復の見込みがあると認められない場合

減損の兆候に示された(4)、つまり固定資産の価格が50％以上下落した場合で、その価格の回復見込みがあると認められないときには、減損を認識しなければなりません。実際には、市場価格の回復可能性の有無の判断は難しいので、不明という場合が多いと思います。上記では、回復可能性がある場合に減損を認識しないのですから、不明の場合には減損を認識することになります。

3．固定資産の全部又は一部につき、使用しないという決定をした場合

減損の兆候に示された(5)に該当した場合には、減損を認識しなけれ

ばならないとしています。ただ、使用しないとする日の属する事業年度に減損を認識するとしており、現時点で来年度以降の時点から使用しないとの決定をした場合には、その使用しなくなる日が属する事業年度で減損を認識することになります。

12-6 減損額の測定

　減損額の算定ですが、「減損が認識された固定資産について、帳簿価額が回収可能サービス価額を上回るときは、帳簿価額を回収可能サービス価額まで減額しなければならない。」(減損基準第5)と規定されています。ここから、言葉の説明が始まります。

① 回収可能サービス価額とは
　当該資産の正味売却価額と使用価値相当額のいずれか高い額
② 正味売却価額とは
　固定資産の時価から処分費用見込額を控除して算定される額
③ 時価とは
　公正な評価額であり、客観的な市場価格
④ 使用価値相当額とは
　減価償却後再調達価額
⑤ 減価償却後再調達価額とは
　固定資産の全部又は一部につき使用が想定されていない部分以外の部分が有するサービス提供能力と同じサービス提供能力を有する資産を新たに取得した場合において見込まれる取得価額から、減価償却累計額を控除した価額

　これだけを読みますと禅問答のようですが、具体的な例を考えてみるといいでしょう。

[例1]
　使用している機械の取得価額：120,000千円
　耐用年数：12年　　既経過年数：4年

売却時価：40,000 千円

売却費用： 1,000 千円

同じサービス提供能力を有する機械の取得価額：45,000 千円

〈考え方〉

この機械の帳簿価額は、

$$120,000 \times (1 - \frac{4}{12}) = 80,000 \text{ 千円}$$

① 正味売却価額

売却時価－売却費用＝40,000－1,000＝39,000 千円

② 使用価値相当額＝減価償却後再調達価額

（減価償却後再調達価額を計算するのが困難である場合には、現在の帳簿価額である 80,000 千円になります）

新たに機械を取得するとした場合には、

$$45,000 \times (1 - \frac{4}{12}) = 30,000 \text{ 千円}$$

上記の結果を受けて、当該資産の正味売却価額と使用価値相当額のいずれか高い額を回収可能サービス価額とするのですから、

正味売却価額 39,000 千円＞減価償却後再調達価額 30,000 千円

　よって、回収可能サービス価額は 39,000 千円となります。減価償却後の帳簿価額が 80,000 千円ですので、

　帳簿価額 80,000 千円 − 回収可能サービス価額 39,000 千円

で、減損額は 41,000 千円となります。

第⓬章　固定資産の減損会計

12-7 減損額の会計処理と注記

1. 減損額の会計処理

　減損額を測定した後の会計処理は、減損処理該当資産の属性によって異なることになります。
「(1)「第84 特定の償却資産の減価に係る会計処理」を行うこととされた償却資産及び非償却資産について減損が発生した場合において、その減損が、国立大学法人等が中期計画等で想定した業務運営を行わなかったことにより生じたものであるときは、当該減損額を減損損失の科目により当期の臨時損失として計上する。」(減損基準第6) とされています。ここでは中期計画で想定した運営を行わなかった時の処理で、損益計算書の臨時損失に計上することになります。

　この「中期計画等で想定した業務運営を行わなかったこと」とは、例えば「中期計画等で定めた施設の利用促進方策を講じなかったこと等経営上必要な措置を採らなかったため、中期計画等で定めた年間利用予定者数を確保できなかった場合などが該当する。」(減損注解10) としており、経営責任を明確にするために損益計算書に計上することになります。

「(2)「第84 特定の償却資産の減価に係る会計処理」を行うこととされた償却資産及び非償却資産について減損が発生した場合において、その減損が、国立大学法人等が中期計画等で想定した業務運営を行ったにもかかわらず生じたものであるときは、当該減損額は損益計算書上の費用には計上せず、損益外減損損失累計額の科目により資本剰

金の控除項目として計上する。」（減損基準第6）とされています。中期計画通りに運営したにもかかわらず生じた減損額は、運営状況を示す損益計算書には計上せず、経営者の運営責任を問わないということになります。

また、「(3)「第84 特定の償却資産の減価に係る会計処理」を行うこととされた償却資産以外の償却資産について減損が発生した場合には、当該減損額を減損損失の科目により当期の臨時損失として計上する。」（減損基準第6）とされています。一般的な固定資産で生じた減損額は、その発生年度の損益計算書の臨時損失に計上することになるのです。

2. 資産見返負債を計上している固定資産の減損

取得財源によって資産見返負債を計上している固定資産に減損が生じた際の処理を定めています。運営費交付金等、補助金等又は寄附金を取得財源にして資産見返負債を計上している固定資産に生じた減損額の会計処理は、中期計画との関係で処理が分かれます。

「(1) 減損が、国立大学法人等が中期計画等で想定した業務運営を行わなかったことにより生じたものであるときは、当該減損額を減損損失の科目により当期の臨時損失として計上するとともに、資産見返負債を積立金に振り替える。

(2) 減損が、国立大学法人等が中期計画等で想定した業務運営を行ったにもかかわらず生じたものであるときは、当該減損額は損益計算書上の費用には計上せず、資産見返負債を減額する。」（減損基準第7）

ここでも中期計画との関係で会計処理が異なることになります。

3. 国立大学法人等業務実施コストとの関係

　減損額が損益計算書に計上されているのであれば、業務費用の損益計算書上の費用として計上されますが、損益計算書に計上されない減損額は実施コストとして認識するためには別途手段を講じなければなりません。上記1．及び2．で「中期計画等で想定した業務運営を行ったにもかかわらず生じたもの」は損益計算書に計上されません。しかし、国立大学法人等を運営するために発生した負担であることには違いありません。そこで、国立大学法人等業務実施コスト計算書に項目を設けて計上することになります。

　「国立大学法人等が中期計画等で想定した業務運営を行ったにもかかわらず生じた減損額は、業務実施コストに属するものとし、国立大学法人等業務実施コスト計算書において、損益外減損損失相当額の科目により、損益外減価償却相当額の次に区分して表示しなければならない。」（減損基準第8）と規定されています。

4. 貸借対照表における表示

　固定資産の表示では、有形固定資産と無形固定資産とで異なることになります。

　有形固定資産では、減価償却累計額と同様に減損損失累計額を当該資産の取得原価から差し引く形式で示す間接控除方式で表示します。

　無形固定資産では、減価償却累計額と同じく、当該資産の取得原価から控除した額を表示する直接控除方式によります。

　ここで注意しなければならないのは、減価償却と減損処理には損益計算書に計上されない損益外処理をした金額がありますので、資産の取得原価から差し引く減価償却累計額及び減損損失累計額には、損益

外処理をした金額も含まれることになります。

5. 減損処理後の会計処理

減損処理を行った固定資産は、簿価を減損額分を減額し、その減額した額が新たな簿価となります。その後の減価償却計算では、この新たな簿価に基づいて計算をすることになります。一旦、減損処理をした固定資産の簿価は、事態が変化しても、その減損額を簿価に戻すことはありません。

6. 注記

財務諸表での減損処理に関する注記は、相当に詳細な内容の記載を減損基準第11で求めています。

(1) 減損を認識した場合の注記
① 減損を認識した固定資産の用途、種類、場所、帳簿価額等の概要
② 減損の認識に至った経緯
③ 減損額のうち損益計算書に計上した金額と計上していない金額の主要な固定資産ごとの内容
④ 減損の兆候の有無について、複数の固定資産を一体として判定した場合には、当該資産の概要及びその資産を一体として判定した理由
⑤ 回収可能サービス価額が、正味売却価額であるときには、その旨及び算定方法の概要を、使用価値相当額であるときには、その旨、採用した理由及び算定方法の概要

(2) 減損の兆候を認めたが、減損を認識しなかった場合の注記
① 減損の兆候が認められた固定資産の用途、種類、場所、帳簿価額等の概要
② 認められた減損の兆候の概要
③ 減損の兆候の有無について、複数の固定資産を一体として判定した場合には、当該資産の概要及びその資産を一体として判定した理由
④ 減損の認識に至らなかった場合、その根拠又は当該固定資産の市場価格の回復可能性があると認めた根拠

(3) 翌期以降に使用しないという決定を行った場合の注記
① 使用しないという決定を行った固定資産の用途、種類、場所等の概要
② 使用しなくなる日
③ 使用しないという決定を行った経緯及び理由
④ 将来の使用しなくなる日における当該資産の帳簿価額、回収可能サービス価額及び減損額の見込額

第 13 章

附属病院の会計

　国立大学法人の主な事業は教育であり研究であることは誰でも頷くでしょう。しかし、医学部を設置している大学では、医師の養成のために附属病院を設置して臨床研修を行いつつ、高額な医療機器、多くの医師と看護師をはじめとする人材を投入して診療を行っています。大きな投資をしている附属病院の経営の良否が、国立大学法人の運営に重大な影響を与えています。

　ここでは、附属病院における特色に注目してみることにします。

第13章 附属病院の会計

13-1 附属病院の重要性

1．附属病院の立ち位置

　附属病院を設置している国立大学法人では、その投入されている資産額の規模、病院建設のための投下されている資金、その資金の財源としての財投資金からの長期借入金の返済財源の確保、日進月歩で新たな医療機器が開発されている中で最高度の診療環境の整備、毎日の手許現金の出納の管理、診療報酬の入金管理、そして多額に上る医薬品等の代金支払い等の他学部、他施設にない業務負担が生じます。このように附属病院は法人内で最もドラスティックな部署と言えます。この附属病院の舵取りはいずれの大学においても運営上の大きな課題となっています。

2．附属病院の事務

　附属病院が法人全体から見て重要な部署であることは学内に周知されているのですが、残念ながら事務方の職員の方には附属病院勤務を敬遠する傾向があります。確かに病院という組織の特性上、年中無休で診療行為は続けられています。決して休みが取れないという訳ではないのですが、病院勤務は歓迎されていません。法人内で最も重要な部署であるはずなのですが、他学部のキャンパスとは離れている例が多く、その所在地名で呼ばれるように、まるで別組織のように感じることがありました。では、医科系の私学ではどうでしょうか。首都圏にある医科大学では複数の病院を経営しており、勤務する事務系職員

も相当の人数になります。当然ですが、毎日外来患者が通院してきますし、病棟も入院患者で満室です。大学本部は各病院を統括する立場にありますので、その病院の事務の流れがどのようになっているのかを知らなければ、適切な指示と対応ができません。本部の然るべき地位にある方たちは必ず病院勤務を経験することになっています。そうしませんと、大学の最も重要な部署を知らないことになってしまいますから、法人の管理職には不適格となります。

　国立大学法人でも、適切な人事異動によって一度は病院事務を経験するようなキャリア・パスを講じる必要があるでしょう。それによって附属病院の問題点、課題等を理解できるようになるかと思います。

3. 附属病院の長期経営計画

　前述のとおり、医療技術は日進月歩で進歩しており、新たな診療機器が次々に登場してきます。そして病院施設も法人化の際に現物出資によって国から引き継ぎましたが、年々老朽化が進んできています。診療棟や入院棟を建て替えるとなりますと、先ずその財源が問題となります。病院は診療報酬という独自の収入がありますので、その収入を返済財源として長期の設備投資計画を練る必要があります。

　或る医科系私学の例を参考にしてみますと、財務担当理事は全学の今後の20年から30年間程度の施設に関する資金計画を立てています。病院も複数ありますし、施設取得資金は全て自前で用意しなければなりません。もちろん公的資金は交付されません。ですから、医科系私学の学生から徴収する授業料等の負担額が多額になるのです。この資金計画には、金融機関からの借入金も当然充てることになりますので、返済計画に無理が生じないよう借入残高を綿密に計算し、借入過多にならないよう細心の注意を払っています。場合によっては急に最新の

医療検査機器の設置が求められることも予測できますので、それに対する対応策も持っています。また、各病院からは月次の収入額の報告が翌月上旬には本部に届きますので、病院を担当する理事はその収入額の増減理由を把握し、特定の診療科に問題が生じているなどという場合には直ちに対処する体制を整えています。まさに一般企業の経営体制と同様です。

国立大学法人では、医学部の学生から多額の授業料や施設整備費等を徴収することはありませんので、公的資金によって施設取得資金を賄うことになりますが、借入債務と返済財源の管理は必須になります。

4. 現金管理

国立大学法人の中で日銭を日常的に扱っているのは附属病院の医事課でしょう。従来は診療代を窓口で現金を徴収していましたが、最近では機械収納が増えたようです。法人化前に附属病院で聞いた際に、病院の開院以来現金の過不足は発生していませんと聞きました。実は耳を疑いました。人間のすることですから、100％誤りがないということは考え難いのは誰でも思うことでしょう。しかし、奇跡的に過不足事故は全くなかったのです。実はこれが問題なのです。もし現金に不足が生じた場合に、それを隠すために自らの財布から補填をしますと、過大が生じた場合には自らの財布に入れるでしょう。そこで、自分の財布と大学の金庫の区別がつかなくなってしまい、不正の温床となってしまうのです。

日々多額の金銭を扱っている金融機関では、毎日店舗のシャッターを下ろした後に資金のチェックをしています。そして毎日総勘定日計元帳という名の決算書が出力されており、毎日決算を行っているのと同じです。しかし、このように厳格に管理していても稀ではあります

が、現金の過不足が生じてしまいます。当然その日のうちに解決しようと遅くまで残って検算と調査を繰り返しますが、どうしても合わないことがあります。その事実を現金過不足勘定として会計処理をし、時間をかけても解決できない残高は雑損益勘定として処理することになります。

現金に限ったことではありませんが、人間として最も誘惑に駆られる資産ですから、事実を明確に記録に残しておくことが必須になります。

5. 法人化後の収益と費用の対応関係

平成15年度までの法人化以前では、診療収入と診療経費はそれぞれ予算に従って処理されており、必ずしも収益と費用はリンクしていませんでした。法人化前に医薬品のたな卸のリハーサルをすることになって、病院の副院長にも参加してもらって打ち合わせをした際に、手術室の医薬品と医療材料のたな卸をどのようなタイミングでするかということになりました。そこで、「年度末は経費の予算が底をつくので、一層のこと手術は休めばいいではないか。」との発言がありました。手術をすると医薬品や医療材料も必要になりますが、手術によって収益も獲得できるわけですから、当然休む必要はないとの発言をしました。そこで分かったのです。収益と費用は全く違う概念だということです。民間では、売上高を上げるためには当然に原価・費用が発生しますので、お客さん＝患者さんが待っているのに手術を敢えて休むという選択は考えられませんでした。

さて、法人化後ですが、診療による収益とその診療に係る費用との対応関係が明確になりました。診療によって当然費用が発生し、附属病院収益と診療経費を発生主義に基づいて認識することになります。

13-2 附属病院の収益計上と債権管理

1．附属病院の収益

　附属病院の収益には、患者を診察することで得られる診療報酬と、医薬品等の臨床試験を行う受託研究等収益があります。その他ですが、病院内で営業している購買部、食堂、喫茶店、自動販売機等の運営は、多くの場合外部の業者が行っているので、病院には施設の賃貸収入が計上されます。また、病院敷地内にある駐車場の管理も外部委託が多いかと思いますので、何がしかの手数料収入が計上されます。細かい話になりますが、病室の各ベットに設置されていますテレビ等の利用料に係る手数料も病院の収益ですし、看護師さんの子供を預かる託児所を経営していれば、それも収益に計上されます。

2．附属病院収益

　患者を診察することによって計上されるのがこの附属病院収益です。診療によって患者から徴収する自己負担分と、保険等の支払基金等から受け取るものがあります。外国人等で健康保険の被保険者になっていませんと、全て自己負担になってしまいますし、特別な手当、例えば歯科で金を使った治療等では保険が適用されませんので自己負担になってしまいます。

　この診療収益を大きく分けますと外来収益と入院収益になります。読んで字の如く、外来で診察を受けに来てその日に帰る患者からの診療代が外来収益となり、その日の診療代は原則その日に徴収すること

になります。一方入院収益は入院日数を一定期間まとめて患者に請求することになります。退院時には必ず精算を済ませてもらうことになります。

　保険診療ですが、保険の支払基金への請求は1ヵ月分を翌月10日までにまとめて請求することになります。請求を受けた基金ではその請求内容を調査して翌々月末までに保険金の給付をすることになります。ただここで問題なのは、請求額全てが支払われるわけではなく、査定によって減額されることになります。診療内容によって過剰な医薬品の投与があったとか、不必要な処置があったという理由で減額されることがあります。通常減額されると考えていいでしょう。でもその減額の内容如何によっては、再請求をすることもあります。また、保険請求のレセプトが返却されてくることもあります。記載内容不備等が主な理由ですので、補完して再請求することになります。このような保険請求では、毎月の請求額を附属病院収益に計上し、減額査定された額はその減額された月の附属病院収益から差し引くことになり

ます。厳密にはいずれの月の診療報酬として収益計上したものかを個々に探して、その診療月の収益を減額するのでしょうが、極めて煩雑な作業になり不可能ですので、実務的な対応として減額された月の収益から差し引くことにしているのです。

また期末の処理として、臓器移植等の長期の診療を要する患者のレセプトが請求留保されている場合があれば、一旦その請求可能額を収益に計上します。ただ請求はしていませんので、翌期には反対仕訳をして取り消し、請求時に再度収益に計上することになります。

3. 受託研究等収益

この受託研究等収益で大きなものが治験と呼ばれる受託研究です。この治験とは、医薬品に関して薬事法の承認を受けるために行われる臨床試験のことで、一般的にはフェーズⅠからフェーズⅣまであり、上記の承認を受けるためにはフェーズⅢまでの治験が求められます。これは承認を受けていない薬品を実際の患者に投与するものですから、十分な説明と注意が必要であり、医師に相当の負荷がかかるため、受託を避ける傾向もあります。ただ、この治験に係る収益は相当額になるため、病院にとっても貴重な収入源の一つになっています。先のマスコミを騒がせたノバルティスもこの治験が関係しています。

また、時々耳にするのが、訳の分からない研究の委託話で、「××イオン水」ですとか「△△サプリメント」などと言う薬効が疑わしいものの受託研究依頼がありますが、このような依頼には慎重に臨まなければなりません。病院内の委員会等の承認を受けて受託することになります。

4. 未収附属病院収益

　附属病院の未収債権は、患者の個人負担分と保険等支払基金への請求分になります。それぞれ未収債権を元帳で分けて管理していますので、どの債権が回収されたかが分かります。保険等と書きましたが、この中には健康保険以外の生活保護、交通事故に係る保険請求なども含まれます。

　この未収債権で問題なのが、第3章で触れました貸倒・徴収不能の発生です。外来患者が診察代金全額を払わずに、また入院患者がその入院期間の代金を払わずに退院してしまい、痛さを忘れると払わないという不届きな患者がいるのです。診察日又は退院日以降時間の経過に伴って回収は難しくなり、多くの場合半年後には不良債権となってしまいます。たまたま持ち合わせがなかった患者は2、3か月後までには支払いに現れますし、多額になったとしても半年後までに精算が終わります。この滞留債権の回収ですが、なかなか難しく、人手と時間がかかります。以前ある病院で、コンビニで支払いができる請求書を送ったことがありましたが、予想に反して多くの債権が回収できま

第13章　附属病院の会計

した。病気が治った患者は仕事に忙しく、債務は認識しているが、病院の開いている時間帯に支払いに来られないということが分かりました。それでも残った債権ですが、時間の経過に伴って患者から回収することが不可能と考え、貸倒損失・徴収不能額と処理することになります。でも、たとえ損失処理をして、債権額から消してしまったとしても、簿外の管理資料を整備しておいて、ほとぼりが冷めたといって現れる不良患者には請求しなければなりません。このようなことは病院でよくある話なのです。

13-3 診療経費と人件費

1．診療経費

　診療経費は、材料費、委託費、設備関係費、研修費、経費等によって構成されています。材料費とは医薬品、診療材料、医療消耗器具備品に係る費用で、診療行為に直接使われたものの代金です。委託費とは検査の委託、給食の委託、寝具の委託、医事の委託、清掃の委託等に係る費用です。設備関係費とは病院の施設の減価償却費、機器の賃借料、修繕費、機器の保守費、車両維持費等です。研修費は字の如く医師の研修に要する費用です。経費は病院の医事に係る諸々の経費をいい、未収附属病院収入の徴収不能引当金の繰入額もこの経費に計上されます。

　さて、医事の委託ですが、病院の医療事務には熟練が求められ、多くの病院で専門の外部業者に委託している例があります。特定の診療や手術のレセプトを見て、記入漏れを指摘したということを耳にしました。その診療には当然投与されているはずの抗生剤が漏れている、使われたはずの医療材料が記入されていないなどと言う指摘で、そのままですと請求漏れになってしまいます。場合によっては、不必要な投薬や処置を見付けることもあるそうです。医事請求に要する知識の習得には相当の実務経験を要します。監査で病院に伺った折に、質問に対して的確に回答できる女性職員に会うことが多かったように記憶しています。人事政策上のローテーションも必要でしょうが、特殊な能力・知識を要する専門職を養成することも必要になります。

2. 材料費

　医薬品及び診療材料は、レセプトにその使用量を記載して費用の発生を把握することになりますが、最終的には期末のたな卸をして年間の使用量を確定することができます。たな卸では、病院内の薬局、調剤室、病棟での在庫が集計されます。ただその集計作業では、未開封のビンや箱単位でカウントします。開封した薬剤を検量のためにトレーに空けることは薬事法上問題が生じるためですので、高薬価の薬品は代替的な手法によって検量することになります。ただ最近は薬品会社等のSPD方式によって薬品購入をしている場合もあります。要するに「富山の置き薬」方式で、必要な時にその薬品を投与即購入となる方法です。この方法をとっている薬品については、倉庫の在庫薬品は外部の納入業者のもので附属病院の薬品ではありませんので、たな卸の対象にはなりません。また、各病棟に定量配置されている薬品はパターンが決まっていますので、そのパターンを集計することになります。ガーゼやシリンジ等の医療消耗器具備品は、梱包されているケースを開封した時点で消費されたとして処理しています。

3. 人件費

　病院の業務費の中で、診療経費と双璧をなすのがこの人件費です。医師と看護師、それに各分野の検査技師、そして病院事務を担当する事務職員の人件費です。このうち難しいのが医師の人件費の把握です。附属病院では医局の医師のほかに、医学部の教員が診療に当たっています。教員が治療した場合も、診療報酬を受け取っているわけですから、当然病院の原価を構成することになります。しかし教員は学生の教育と、自身の研究、そして病院での患者の診療を行っており、その

峻別は極めて困難と言われていました。ちなみに私立大学では、セグメント情報に相当する部門別計算を行っており、当然人件費も各部門に配賦しています。ですから、複数の附属病院の部門別の資料（内訳表と言います）に人件費が配賦されています。その人件費はどのように配賦しているのかと言いますと、私立の学校法人での人件費の配賦は、人事の発令によっています。教員として発令されていれば学部の人件費ですし、医師として発令されていれば病院の人件費になります。もっと言いますと、本部の職員の方も発令されており、財務部長は文学部、経理課長は経済学部と言うように、例えて言えば個々人の背中にレッテルが付いているのです。このように人件費を配賦しています。でも、医学部の教員のように実際に担当している職務を無視しますと、実態を反映すべき管理資料が作れないことになります。

　そこで、会計検査院に背中を押されて、附属病院の実態を把握するために、人件費の配賦のためのデータの収集が行われました。その手法は、個々の教員及び医師に医療上影響が少ないPHSを携帯しても

第13章　附属病院の会計

らい、その位置情報によって病院にいるのか学部にいるのかを調べて、その時間数によって病院にいる時間は診療行為を、学部にいる時間は教育又は研究と峻別したのです。このデータの収集では、年間の7割程度の期間を対象にするとしたため、現場に大きな負荷がかかりました。或る附属病院の病院長に会計処理に必要との趣旨で協力の要請をしたところ、「この調査によって現場の医師の過重労働の現状が解決されるのですか？」と問い質されて、返事に困ったことがありました。そして、「教員は教育と研究と診療を同時に行っており、これを分けることは現実的にはできません。」と。仰る通りです。しかし、会計上の処理のためにデータが必要であることを説明して頭を下げました。調査の結果では、臨床系の教員は病院にいる時間が長く、病理・研究系の教員は研究室にいる時間が長いというデータ集計でした。合理的な結論でしたが、データ収集期間は年間の7割をカバーするだけの調査期間を求められましたがとてもできませんでした。中にはおかしなデータもあり、研究室のデスクの上にPHSを置きっぱなしにしていたと考えられるものもありました。集計したデータを基に、教員の人件費を学部と病院に配賦することになりましたが、適宜その配賦割合の見直しは必要です。

4．セグメント情報

　附属明細書の中で最も注目されているのがこのセグメント情報で、附属病院は平成16年度の法人化初年度から1セグメントとして開示されています。

13-4 附属病院の管理会計

1. 管理会計とは

　国立大学法人等会計基準で作成を求めている財務諸表は、外部にも公表することを前提として財務会計によっています。一方、組織内の経営意思決定や業績の測定評価に使われる資料の作成を目的にしているのが管理会計です。

　一般の企業では、製品やサービスの原価を求めて如何に利益の最大化を図るのかが喫緊の課題です。そのために緻密に原価を計算し、その削減策を検討して、果たして市場に投下して売れるか否かを判断しなければなりません。また、競合他社製品との値下げ競争が起こった場合、どこまで値下げできるのかの判断資料を用意しておかなければなりません。

　病院も医療サービスを提供している機関ですので、どれだけの費用・原価が発生しているのか、そして経営の効率化を図るためにはどのような工夫をしたらいいのか。そのための判断資料を用意する必要があります。

2. 保険診療報酬支払への対応

　従来の保険診療報酬の計算は、患者の治療にどれだけの費用が掛かったのかを合計する出来高払い制度によっていました。しかし大学の附属病院などの特定機能病院に対して、患者に提供した治療に要した費用の額に拘わらず、患者の疾病ごとに報酬を支払う疾病別包括払

い制度を導入することになりました。この疾病別包括払い制度ですと、現実に要した費用によるのではなく、仮に盲腸ならば、胃潰瘍ならば、というように疾病ごとにその治療に要する費用を積算して、保険診療報酬として病院に支払ってくるというのです。としますと、治療を効率的に行えば採算はよくなりますし、治療に過大に手を要した場合には採算が悪化してしまいます。その採算性を判断するためには、実際の治療に要した費用がどれほどだったのかを知らなければなりません。ここで管理会計の必要性が大いに認識されるのです。

3. 管理会計システム

附属病院を設置している国立大学法人では、平成16年の法人化時に国立大学病院管理会計システム（HOMAS）を導入しました。しかし、このシステムは法人化時ギリギリに納入されたため、完成度が低く、当初はその使い勝手の悪さがクローズアップされてしまいました。各病院の管理部署の担当者が大いに苦労して数値を打ち込みましたが、あまり有用な資料とはなりませんでした。実は同じ時期に医科系の私立大学の附属病院においても、この管理会計の検討がされていました。この管理会計の背中を押したのが、前述の保険診療報酬の新しい支払方式の導入でした。

よく知られていますが、公的機関が経営している病院の多くが赤字といわれています。以前経営が飛躍的に改善された某県立病院に見学に訪れている他府県が多いという記事が紙面に載りました。やはり病院という組織にも、一般企業で行っている管理会計に基づく原価計算の必要性が叫ばれているところです。

HOMASに関しては、その入力データの整理と出力資料の利用方法を工夫して、より有用な情報となるように検討が進められています。

人間を扱う病院を、製造業の工場に例えますと非難を受けるかもしれません。しかし、原価計算という会計知識を用いた手法を適用する場合には、診療行為を製品の加工工程と考えますと、制度設計の入り口を見つけることができます。診療を行う各医局は直接加工ライン、レントゲン、MRI、血液センターなどは医局にサービスを提供する間接部門になります。そして医師と看護師は直接加工ラインの工具、臨床検査技師は間接部門の工具です。このような会計手法を用いる場合、先ず病院の現場がどのように運用されているかの実態を知ることが必要です。現実の姿を数値に反映させるのがこの原価計算であり、会計なのです。

　診療行為のみ行っている医療法人等の民間病院とは異なり、教育、研究と診療を行っている大学病院の管理会計には、解決しなければならない多くの課題があります。しかし、高齢化が進みますます医療が重視される将来に向かって、医療の質の低下をきたすことなく経営の効率化が求められます。国立大学法人として、率先して新たな管理会計に臨んでいくべきでしょう。

〈著者紹介〉

増田　正志（ますだ・まさし）

1949年　生まれ
1973年　千葉大学人文学部卒業
1999年度　名古屋工業大学大学院工学研究科講師
2004年度　国立大学法人名古屋工業大学監事
公認会計士　（社）日本証券アナリスト協会検定会員

〔主な著書〕
『金融マンの会計と証券の基礎知識』（単著），税務経理協会
『病院会計入門』（単著），税務経理協会
『証券アナリスト試験〔1次レベル〕問題集』（単著），税務経理協会
『学校法人会計入門』（共著），税務経理協会
『商法決算書の読み方・作り方』（共著），中央経済社
『建設業の経理実務詳解』（共著），中央経済社
『学校法人の会計実務詳解』（共著），中央経済社
『決算書分析ABC』（共著），BSIエデュケーション
『図解早分かり　連結決算書入門』（共著），BSIエデュケーション

著者との契約により検印省略

平成26年4月10日　初　版　発　行

国立大学法人会計実務入門

著　者　増　田　正　志
発行者　大　坪　嘉　春
製版所　美研プリンティング株式会社
印刷所　税経印刷株式会社
製本所　株式会社三森製本所

発行所　東京都新宿区下落合2丁目5番13号　株式会社　税務経理協会
郵便番号　161-0033　振替00190-2-187408　電話(03)3953-3301(編集部)
FAX (03) 3565-3391　　(03) 3953-3325(営業部)
URL http://www.zeikei.co.jp/
乱丁・落丁の場合はお取替えいたします。

© 増田正志 2014　　　　　　　　　　Printed in Japan

本書を無断で複写複製（コピー）することは、著作権法上の例外を除き、禁じられています。本書をコピーされる場合は、事前に日本複製権センター（JRRC）の許諾を受けてください。
JRRC(http://www.jrrc.or.jp　eメール:info@jrrc.or.jp　電話:03-3401-2382)

ISBN978—4—419—06089—3　C3034